Henriette Klautz | Eddy Posthuma de Boer

111 Geschäfte in Amsterdam, die man erlebt haben muss

emons:

Bibliografische Information der Deutschen Nationalbibliothek
Die Deutsche Nationalbibliothek verzeichnet diese Publikation
in der Deutschen Nationalbibliografie; detaillierte bibliografische
Daten sind im Internet über http://dnb.d-nb.de abrufbar.

© Emons Verlag GmbH
Alle Rechte vorbehalten
© der Fotografien: Eddy Posthuma de Boer
© Covermotiv: depositphotos.com/igterex, depositphotos.com/mmedp,
shutterstock.com/Mikhail Mishchenko
Titel der Originalausgabe: *111 winkels in Amsterdam die je niet mag missen*
© Uitgeverij Thoth Bussum
Deutsche Fassung: Susanne George
Layout: Eva Kraskes, nach einem Konzept
von Lübbeke | Naumann | Thoben
Kartografie: altancicek.design, www.altancicek.de
Kartenbasisinformationen aus Openstreetmap,
© OpenStreetMap-Mitwirkende, ODbL
Druck und Bindung: B.O.S.S Medien GmbH, Goch
Printed in Germany 2016
ISBN 978-3-95451-926-2
Originalausgabe

Unser Newsletter informiert Sie
regelmäßig über Neues von emons:
Kostenlos bestellen unter
www.emons-verlag.de

Vorwort

111 Geschäfte sollten es werden, doch kaum hatten wir mit der Arbeit an diesem Buch begonnen, stellten wir fest, dass es auch doppelt so viele sein könnten. Denn Amsterdam hat ausgesprochen viele besondere Läden: alteingesessene, renommierte Familienbetriebe und junge, erfolgreiche Unternehmen, winzige Shops, in denen sich alles um ein Produkt dreht, und ehemalige Lagerhallen, die zum Möbelparadies umfunktioniert wurden.

Es war eine spannende Erkundungstour, kreuz und quer durch die Stadt, bei der wir tatkräftige Geschäftsleute kennenlernen durften, die uns mit Begeisterung von ihren Läden erzählt haben. Manche dachten fälschlicherweise, dass ihnen Kosten entstehen würden. Doch alle Geschäfte sind von uns ausgewählt worden, weil sie zum einen ein einzigartiges Sortiment führen und zum anderen charakteristisch für die Vielfalt der Amsterdamer Einkaufsmöglichkeiten sind. Allein diese Kriterien mussten sie erfüllen, um ins Buch aufgenommen zu werden.

Was uns außer dem oft erstaunlichen Angebot vor allem auffiel, war der unerschütterliche Optimismus der Geschäftsinhaber, die es in der heutigen Zeit oft nicht leicht haben. Zum Glück wird das Einkaufen vor Ort wieder beliebter. – Schließlich kann es kein Onlineshop mit einem gut sortierten Fachgeschäft aufnehmen, in dem sich kundiges Personal die Zeit nimmt, dem Kunden mit Rat und Tat zur Seite zu stehen. Allerdings empfiehlt es sich, vorab zu prüfen, ob eines der hier vorgestellten Geschäfte tatsächlich noch existiert. Denn Amsterdam ist eine äußerst dynamische Stadt, in der nie alles so bleibt, wie es ist.

Die intensive Suche nach den außergewöhnlichsten Geschäften hat uns persönlich bewusst gemacht, welch Privileg es ist, in dieser wunderschönen und pulsierenden Stadt zu leben. Wir hoffen, Ihnen mit diesem Buch Amsterdam nahezubringen, und wünschen Ihnen viel Spaß beim Einkaufsbummel!

111 Geschäfte

1__ 4 Cats Kattenspeciaalzaak
Das Amsterdamer Katzenparadies

Die Amsterdamer lieben Tiere. Natürlich Hunde, vor allem aber Katzen. Denn wer nur eine kleine Wohnung hat, bevorzugt als Haustier die Katze: Gegenüber 20.000 Hunden zählt die Stadt gut und gerne 350.000 Katzen. Zudem gibt es eine nicht registrierte Zahl von streunenden Tieren, doch auch für sie wird gesorgt. Weniger privilegierte Katzen finden Unterschlupf auf dem berühmten Poezenboot am Singel. Doch die meisten Katzenbesitzer tun nichts lieber als ihr Tier nach allen Regeln der Kunst zu verwöhnen. Und da die Katze unserer Tage ein anspruchsvolles Wesen ist, hat Lioni Valentijn mit ihrem Mann 2010 am Waterlooplein ein Fachgeschäft für Katzen eröffnet.

Hier findet man tatsächlich alles, was das Herz des Stubentigers begehrt: Körbchen und Transporttaschen, Fress- und Trinknäpfe aus Keramik, Kratzbäume, Spielmäuse, Bürsten, Vitamine und Produkte für glänzendes Fell, mit (unechten) Diamanten besetzte Halsbänder, Katzenklappen für die Garten- oder Balkontür, Antiflohmittel, Antistress-Knabberstäbchen sowie ausgewählte Futterprodukte. Hübsche Luxusdosen, deren Inhalt man laut Lioni geradezu auf einem Toast zu einem Glas Wein servieren könnte. »Schmeckt nur etwas fade«, meint sie.

Sie selbst hat vier Katzen, gewöhnliche, doch ausgesprochen liebe Hauskatzen. In ihrem Laden ist immer viel los, denn zur Kundschaft zählen Katzenfreunde aus der ganzen Welt. Und wer hier einmal für seinen schnurrenden Mitbewohner eingekauft hat, kommt garantiert wieder. Da auch kleine Hunde in die Katzenkörbe passen, sind deren Besitzer ebenso willkommen, »auch wenn die anders gestrickt sind«, wie Lioni meint. »Ein Hund hat einen Chef, eine Katze hat Personal. Unsere Kunden sind das Personal: Für ihre geliebten Katzen scheuen sie nicht die weitesten Wege und kaufen nur die allerbesten Produkte.« Und sollte die Mieze irgendein Problem haben, können sie Lioni immer um Rat fragen.

Adresse Waterlooplein 179, 1011 PG Amsterdam, Tel. 020/3203300, www.4cats.nu | **ÖPNV** Metro 53, 54, Haltestelle Waterlooplein | **Öffnungszeiten** Di–Fr 10–18 Uhr, Sa 9.30–17.30 Uhr

2 Affaire d'Eau
Sanitäreinrichtungen aus vergangenen Zeiten

»Ich bin vernarrt in Badezimmer«, sagt Alice Ernest, Inhaberin von Affaire d'Eau, die eine geradezu museumswürdige Kollektion antiker Sanitäreinrichtungen zusammengetragen hat. »Es sind in Vergessenheit geratene Objekte, die nach getanem Dienst zumeist ausrangiert werden«, sagt sie.

Ihre Sammelleidenschaft erwachte 1993. Nachdem Alice Italienisch und Kunstgeschichte studiert hatte, beschloss sie, durch die Welt zu reisen. In London und New York sah sie zum ersten Mal alte Sanitäreinrichtungen. Fasziniert begann sie, sich in die Materie zu vertiefen. Zu dieser Zeit hatte sie bereits in Frankreich einige stillgelegte kleine Bahnhofsgebäude aufgekauft. Auf einer ihrer Erkundungstouren entdeckte sie in der Nähe von Vichy das verlassene Hotel Metropole. »An der Tür hing eine Telefonnummer«, erzählt sie. »Wie sich herausstellte, wollte die Besitzerin das gesamte Inventar verkaufen. Inklusive der alten Badewannen und Waschtische. Wir haben sämtliche Sanitäreinrichtungen erworben und per Lastwagen in die Niederlande bringen lassen.«

Alice suchte weiter, fand sogar die Badewanne von Maurice Chevalier und eröffnete schließlich einen Laden für »Forgotten Antiques« in der Geldersekade. Dank ihrer nicht zu bremsenden Begeisterung für alte sanitäre Einrichtungen wurde die Sammlung immer größer. Als der Platz nicht mehr ausreichte, ließ sie sich 1997 am heutigen Standort nieder.

Affaire d'Eau rekonstruiert auch alte Badezimmer und berät bei der Einrichtung mit Objekten früherer Epochen. »In den letzten 25 Jahren haben wir viele Badewannen, Waschtische und andere Badezimmerelemente vor einem ruhmlosen Ende auf der Müllkippe bewahrt«, sagt Alice zufrieden. Dazu gehören originale Badewannen auf Füßen, imposante Waschtische und elegante Handwaschbecken, Spiegel, Toilettenbecken, Badaccessoires, Wasserkräne aller Art und antike Kacheln. Hier möchte man am liebsten sofort ein Bad nehmen!

Adresse Haarlemmerdijk 148–150, 1013 JJ Amsterdam, Tel. 020/4220411, www.affairedeau.com, info@affairedeau.com | ÖPNV Tram 3, Haltestelle Haarlemmer-plein; Bus 18, 21 und 22, Haltestelle Haarlemmerplein | Öffnungszeiten Mo–Fr 10.30–18 Uhr, Sa 10.30–17 Uhr und nach Absprache

3_ Der Ajax Fanshop
Was der echte Fan so alles braucht

Neben dem Haupteingang der imposanten Arena, in der Ajax Amsterdam seine Heimspiele austrägt, befindet sich auf einer Fläche von 7.000 Quadratmetern der einzige offizielle Fanshop des Fußballvereins. An den Wänden und auf Kleiderständern hängen die berühmten Trikots – rot-weiß für die Heimspiele, blau-gelb, wenn der Verein auswärts spielt. Unübersehbar das riesige Gruppenfoto der ruhmreichen Fußballgötter. Auch ohne ausgeprägtes Interesse an dieser Sportart gerät man in dem größten Fußball-Fanshop Europas ins Staunen darüber, was man sich alles ausgedacht hat, um Tausende leidenschaftlicher Fans zu beglücken.

Neben Kleidung aller Art – von Trikots, Socken, Schals und Sweatshirts bis zu Jacken und Caps – bekommen die Fans hier auch Schlüsselanhänger, Spielkarten, Sitzsäcke, Zahnbürsten, Toilettentaschen, Dusch- und Haargel, Armbänder, kabellose Lautsprecher, Festartikel wie Luftballons und Pappteller, Bilderrahmen, Wecker, Papierkörbe, Brotdosen, Schreibhefte und Ringbücher. Fehlen dürfen natürlich auch nicht Fußbälle mit den Autogrammen der bewunderten Spieler. Es gibt sogar eine Babyabteilung mit niedlichen Söckchen, Trikots, Mützen und Höschen – selbstverständlich alles in den Farben von Ajax.

Für die Produktentwicklung ist eine eigene Merchandising-Abteilung zuständig. Doch sie ist auch offen für Ideen, die von außen an sie herangetragen werden. So stammt das Ajax-Feuerzeug von einem Zigarrenfabrikanten, und ein Spielzeughersteller hat Plüschbären im Ajax-Dress entworfen. Das rot-weiße Trikot ist in verschiedenen Ausführungen erhältlich: als schlichtes T-Shirt oder auch mit Polokragen. Auf Wunsch bedruckt mit dem eigenen Namen oder dem des Lieblingsspielers.

Bei einem Besuch des Fanshops kann es übrigens durchaus passieren, dass man einem der Ajax-Helden begegnet. Auch der ehemalige Nationalspieler Frank de Boer kauft hier hin und wieder ein Trikot.

Adresse neben dem Haupteingang der Arena, Arena Boulevard 1–3, 1101 AX Amsterdam, Tel. 0900/2322529, www.ajaxshop.nl, fanshop@ajax.nl | **ÖPNV** Metro 54 (Gein), Haltestelle Bijlmer Arena | **Öffnungszeiten** 1. Sept. bis 30. April Mo–Sa 9.30–17 Uhr, letzter Sonntag des Monats 12–17 Uhr, 1. Mai bis 31. Aug. Mo–Fr 9.30–18 Uhr, Sa 9.30–17 Uhr, So 12–17 Uhr; an Spieltagen von 10 Uhr bis 30 Minuten vor Spielbeginn und 30 Minuten nach Spielende

4__P. W. Akkerman
Exklusive Füllfederhalter für Liebhaber

1927 gegründet, war der Füllfederhalter-Palast P. W. Akkerman viele Jahre eine feste Institution in der Kalverstraat. Aus dem ganzen Land kamen Liebhaber des edlen Schreibgeräts nach Amsterdam. Doch mit der stetig wachsenden Zahl von Modeboutiquen hatte der Füllhalter einen zunehmend schweren Stand in dieser Einkaufsstraße, und so übertrug der Besitzer seinen Palast den Brüdern Albert und Ronald Stijsiger. Mit dem Umbau des Geschäfts hofften die Jungunternehmer, neue Kunden zum Erwerb eines kostbaren Füllhalters zu verleiten, doch leider vergeblich. Da sie bereits einen modernen Schreibwarenladen im Langebrugsteeg betrieben, beschlossen sie, die einzigartige Kollektion dort unterzubringen und den legendären Namen Akkerman zu übernehmen. Die Federhalter haben im Zwischengeschoss, ausgestellt in Vitrinen, den ihnen gebührenden Platz bekommen.

Der Füllhalter, mit dem unsere Eltern für gewöhnlich schrieben, ist längst dem Kugelschreiber gewichen. Heutzutage ist er vor allem ein Sammlerobjekt. Doch es gibt auch noch einige Menschen, die Briefe mit Tinte verfassen, und königliche Beschlüsse werden nach wie vor mit dem Füllhalter unterzeichnet. Akkerman hat auch Stammkunden, die alle paar Jahre ein besonderes Exemplar erwerben. Zudem wird über die Internetseite so manch wertvolles Schreibgerät verkauft.

Für den teuersten Füllfederhalter der Welt sollen einst eine Million Euro bezahlt worden sein. Bei Akkerman liegt die obere Preisgrenze bei 10.000 Euro. Im hochpreisigen Segment handelt es sich um goldene, personalisierte Objekte, die nicht dem Zweck des Schreibens dienen, sondern Teil einer wertvollen Sammlung werden. Zum Sortiment gehören berühmte Marken wie Parker, Waterman, Montblanc und Pelikan. Der beeindruckendste Name ist zweifellos »Graf von Faber-Castell«, der schönste Füllhalter heißt »Luciano Pavarotti Limited Edition 888«. Pure Schönheit.

Adresse Langebrugsteeg 13, 1012 GB Amsterdam, Tel. 020/6231649, www.pwakkerman.nl, info@pwakkerman.nl | **ÖPNV** Tram 4, 9, 16, 24, Haltestelle Spui | **Öffnungszeiten** Mo–Fr 9–17.30 Uhr, Sa 10–17 Uhr, So 13–17 Uhr (Juni–Aug. So geschlossen)

5 Amsterdam Ticketshop

Dutch design at its best

Wenn »Dutch design« in der ganzen Welt so große Anerkennung genießt, warum verkaufen wir dann hier diese potthässlichen Souvenirs?, dachte Modedesignerin Saskia Budding und fasste den Entschluss, für Abhilfe zu sorgen. Sie gab ihr Pullovergeschäft in der Utrechtsestraat auf, um sich fortan auf moderne, originelle Andenken zu verlegen. Das war leichter gesagt als getan, denn es gab sie einfach noch nicht. Saskia sah sich im ganzen Land um, bis sie eine kreative Designerin kennenlernte, die zur gleichen Zeit auf die Idee gekommen war, »Hollandsche Waaren« auf den Markt zu bringen.

Unter dem Motto »Elemente aus der Vergangenheit geben Inspiration für die Zukunft« fertigt sie Produkte an, die typisch Holländisches auf augenzwinkernde Weise aufgreifen: zum Beispiel Becher mit einem Fuß in klassischem Delfter Blau und die allseits beliebten rot oder blau karierten Geschirrtücher in ausgefallenem Design.

Saskia wurde ihre erste Kundin, und mit einer Kollektion eigener Produkte, wie Schürzen und T-Shirts, hatte sie genügend »Hollandse Souvenirs«, um 2005 am Stromarkt ein Geschäft eröffnen zu können. Nach zehn Jahren übernahm ein neuer Inhaber den Laden, der nach wie vor ein wahres Vergnügen ist. Man erkennt Dinge wieder und erlebt zugleich eine Überraschung. Zum Sortiment gehören bunte Küchenschürzen aus traditionellen Trachtenstoffen, Strampelsäcke in Form eines Herings, Taschen aus Fahrradschläuchen, weiche Pantoffeln, die wie Holzschuhe aussehen und T-Shirts mit Amsterdamer Motiven. Außerdem kann man hier Tickets für Rundfahrten, Stadtspaziergänge, private Bootstouren und Ausflüge ins Umland sowie Eintrittskarten für Museen und diverse Sehenswürdigkeiten kaufen und auch Fahrräder leihen. Typisch holländische Getränke und Süßigkeiten sind ebenfalls im Angebot.

Adresse Stromarkt 5, 1012 SW Amsterdam, Tel. 020/4200840, shop@saskyasouvenirs.nl | **ÖPNV** vom Hauptbahnhof aus 5 Minuten Fußweg | **Öffnungszeiten** Di, Mi und Sa 11–18 Uhr, Do und Fr 11–19 Uhr

6 Amsterdamse Glas in Lood Zetterij

Ein Familienbetrieb wie aus dem Bilderbuch

Im Fenster meiner Großmutter hing früher eine Bleiverglasung, ein leuchtender Rosenstrauß, den ich wunderschön fand. Zum Glück gibt es immer noch Handwerker, die Bleiverglasungen als Fensterschmuck anfertigen. So zum Beispiel die Glasmalerfamilie in der Eerste Jacob van Campenstraat. Sie sind wahre Alleskönner, ob es nun um die Reparatur eines Oberlichts in einer Privatwohnung geht, die Restaurierung der Glaskuppel im Victoria Hotel oder den Entwurf eines neuen Bleiglasfensters für das traditionsreiche Kino Tuschinski. In ihrem Geschäft mit angeschlossener Werkstatt kann man auch kleinere Objekte bewundern: farbenreiche Medaillons, Familienwappen und Firmenlogos aus Glas. Die Besitzer sind Marijke Duzink und ihr Partner Peter Philippus, der das Handwerk von seinem Vater erlernte, 1982 eine eigene Werkstatt eröffnete und Marijke die nötigen Kenntnisse beibrachte. »Wir haben eine gute Aufgabenverteilung«, erzählt Marijke. »Ich entwerfe und kümmere mich um Organisation und Buchhaltung, Peter entwirft und macht gemeinsam mit unserem Sohn den Außendienst. Wenn Kunden ein neues Oberlicht brauchen, gehen sie zu ihnen nach Hause und nehmen die Maße. Ist ein Bleiglasfenster beschädigt, holen sie es aus dem Rahmen, reparieren es vor Ort oder bringen es in unsere Werkstatt.«

Marijke und Peter sind Mitbegründer der OVG, einer Berufsvereinigung von Kunstglasern, die sich der Förderung des Handwerks und der Fachausbildung verschrieben hat. »Wir haben oft stümperhaft ausgeführte Arbeiten gesehen«, sagt Marijke, »deshalb ist es gut, dass es nun ein solide Ausbildung gibt.« Für die Nachfolge ist glücklicherweise gesorgt, sowohl Sohn Remy als auch Tochter Myra arbeiten im Betrieb. »Wir bilden sie selbst aus«, erzählt Marijke stolz, »und mittlerweile beherrschen sie das Handwerk schon sehr gut. Aber vorläufig werden wir weitermachen, dafür macht es viel zu viel Spaß!«

Adresse Eerste Jacob van Campenstraat 8, 1072 BE Amsterdam, Tel. 020/6763458 oder 06/10330622, www.amsterdamseglasinloodzetterij.nl, info@amsterdamseglasinloodzetterij.nl | **ÖPNV** Tram 12, Haltestelle Museumplein | **Öffnungszeiten** Mo 12–17 Uhr, Di–Fr 10–17 Uhr, Sa nur nach Absprache

7 L'Amuse

Alles Käse!

Bei L'Amuse sind nicht allein die Gerüche betörend, auch der Anblick all der verführerischen Käse lässt dem Kunden das Wasser im Mund zusammenlaufen. Zum Angebot des Geschäfts gehören zwar auch andere Delikatessen, doch am meisten beeindruckt die Vielzahl von Käsesorten aus dem In- und Ausland. So zum Beispiel Produkte von kleinen Bauernhöfen, die besondere Rinderrassen halten: Brandrood, Maas-Rijn-Ijssel oder aber Montbéliard-Kühe, denen der Bauernhof »De Eenzaamheid« auf einer Insel in den südholländischen Kagerplassen seinen wunderbaren »Wilde Weide Kaas« verdankt. Über 400 Käsesorten bietet Betty Koster in ihrem Laden an. Betty stammt aus einer nordholländischen Familie von Käsehändlern. »In ihren Adern ist Milch geflossen«, so Geschäftsführer Jeroen de Waal. Nachdem sie einige Jahre die Käseabteilung eines Gaststättengroßhandels geleitet hatte, eröffnete sie 1990 ein eigenes kleines Geschäft in Haarlem. Dessen Erfolg veranlasste sie dazu, ein größeres Ladenlokal in Amsterdam zu suchen. »Zuerst waren wir am Stadionweg«, erzählt Jeroen de Waal, »bis wir 2011 an den Olympiaplein gezogen sind, was zweifellos ein viel besserer Ort ist.«

Betty gilt inzwischen als die Koryphäe, was Käse betrifft. Sie hält Vorträge, wird in Jurys berufen, berät Restaurants, kreiert eigene Spezialitäten wie Trüffelbrie und ist eine begeisterte Fürsprecherin der Kombination von Käse und Tee. Regelmäßig reisen sie und ihr Mann Martin mit einem Koffer voller Käse nach Sri Lanka, um dort mit Käse harmonierende Teesorten auszusuchen. Denn bei einer Mahlzeit mit schweren Weinen, so Betty, sorgt Tee zur Käseplatte für einen idealen Ruhemoment. Vorausgesetzt, er wird richtig temperiert in einem Weinglas serviert. In gehobenen Restaurants gibt es manchmal einen Tee-Sommelier, der die Gäste berät. Und natürlich ist der von Betty ausgewählte Dilmah bei L'Amuse erhältlich.

Adresse Olympiaplein 111, 1077 CV Amsterdam, Tel. 020/6727670, www.lamuse.nl, info@lamuse.nl | **ÖPNV** Tram 24, Haltestelle Olympiaplein | **Öffnungszeiten** Mo – Fr 10 – 19 Uhr, Sa 9 – 17 Uhr

8 Andries de Jong
Scheepswinkel
Auf, Matrosen, den Anker gelichtet, die Segel gehisst!

Jedes Jahr wird im ganzen Land an einem sonnigen Sonntag der Geburtstag des Königs gefeiert. Zu diesem Anlass schippern in Amsterdam Hunderte von Booten über die Grachten. Auf den meisten flattert eine Amsterdamer Flagge, und der »Kapitän« bläst immer wieder warnend in sein Signalhorn. Beides, Flagge und Horn, kann man seit ewigen Zeiten im legendären Geschäft von Andries de Jong erwerben. Andries selbst weilt schon seit Jahrhunderten nicht mehr unter uns, doch sein Name lebt fort in dem Laden am Singel, direkt gegenüber vom Münzturm. Andries de Jong, Seiler von Beruf, ließ sich hier im Jahr 1787 nieder. Noch bis Mitte des 20. Jahrhunderts gab es in diesem Stadtteil einen Hafen, und Andries belieferte die hier anlegenden Segelschiffe und Frachtkähne mit seinem Tauwerk. Mit der Veränderung der Umgebung wandelte sich auch die Handelsware des Seilers. 1847 übernahm Johan Lodewijk Krom das Geschäft, das inzwischen in fünfter Generation von den Kroms unter dem Namen des Gründers geführt wird. Seile in allen Stärken gehören nach wie vor zum Sortiment, das im Lauf der Jahre um ein riesiges Angebot an Schiffszubehör erweitert wurde.

Der kleine Laden ist bis unter die Decke gefüllt mit Schiffslampen, Uhren, Flaggen, Kapitänsmützen und Südwestern, robusten Jacken und Pullovern aus Wolle, Schwimmwesten, Hupen und Glocken, Barometern, Taucherhelmen, Fendern, Rettungsbojen, Kanistern, Geschenkartikeln wie Namensschildern aus Kupfer, Seemannsknoten hinter Glas und Kerzenständern. Andries de Jong ist zudem von jeher bekannt als Lieferant für Flaggen und Wimpel unterschiedlichster Art und Größe. Die Auswahl ist schier überwältigend in dieser eigentümlichen maritimen Welt. Besonderer Service: Ist erst einmal der Name fürs eigene Boot gefunden, wird er in der gewünschten Schrift von kundiger Hand auf das Vorderdeck geschrieben.

Adresse Muntplein 8, 1012 WR Amsterdam, Tel. 020/6245251, www.andriesdejong.nl, info@andriesdejong.nl | **ÖPNV** Tram 4, 9, 16, 24, Haltestelle Spui | **Öffnungszeiten** Mo–Sa 10–18 Uhr

9 __ Anna+Nina

»Lauter Dinge, die wir selbst kaufen würden«

Concept Store – so bezeichnen Anna Lanoy Meijer und Nina Poot ihren hippen Laden, der nach ihnen benannt ist. Die beiden Frauen waren zuvor in der Modebranche tätig. Als sie ihre gemeinsame Leidenschaft für Modeaccessoires entdeckten, gründeten sie 2012 einen Schmuckgroßhandel und vertrieben bekannte Marken wie Jewel Rocks und Amano Trading sowie Schmuckstücke nach eigenen Entwürfen, die sie auf Bali anfertigen ließen. »Weil es uns einfach Spaß machte«, erzählen sie. Was Annas Vater wie folgt kommentierte: »Gibst du etwa deinen sicheren Job auf, um Armbänder zu verkaufen?« Doch zu jedermanns Überraschung wurde aus dem Hobby ein florierendes Geschäft: Die Nachfrage war so groß, dass sich die beiden schon bald auf die Suche nach einem Showroom mit angeschlossenem Laden begeben mussten. 2013 eröffneten die Unternehmerinnen ihr erstes Geschäft im Viertel De Pijp, ein Jahr später folgte das zweite in einem denkmalgeschützten Haus im Stadtzentrum. Die Aufgabenverteilung ist klar geregelt: Nina ist zuständig für das Personal, Anna kümmert sich um die PR, das Marketing und die sozialen Medien. Die Buchhaltung ist ebenso gemeinsame Aufgabe wie der Einkauf, für den sie regelmäßig einige Wochen nach Bali reisen.

Neben einem breiten Angebot an Designerschmuck, zu dem ihre eigene »Anna+Nina-Linie« gehört, findet man in dem geräumigen hellen Laden am Kloveniersburgwal »lauter Dinge, die wir selbst kaufen würden«. Die Auswahl reicht vom goldenen Ring bis zum exquisiten Senf, vom Trend-Kochbuch bis zu außergewöhnlichen Gläsern, Tassen mit witzigen Sprüchen, Vasen, Duftkerzen, Taschen, hübschen kleinen Büchern und Schachteln, Kinderschuhen, Modeaccessoires aus aller Welt und bildschönen Tagesdecken, die ebenfalls aus Bali stammen. Touristen kaufen gerne die »Souvenirs mit einem Twist«. Eine Fundgrube für alle, die ein ganz besonderes Geschenk suchen.

Adresse Kloveniersburgwal 44a, 1012 CW Amsterdam, Tel. 020/2611767, www.anna-nina.nl, info@anna-nina.nl | **ÖPNV** Metro Linien 51, 53, 54, Haltestelle Nieuwmarkt | **Öffnungszeiten** Mo 12–18 Uhr, Di–Fr 10–18 Uhr, Sa, So 11–18 Uhr

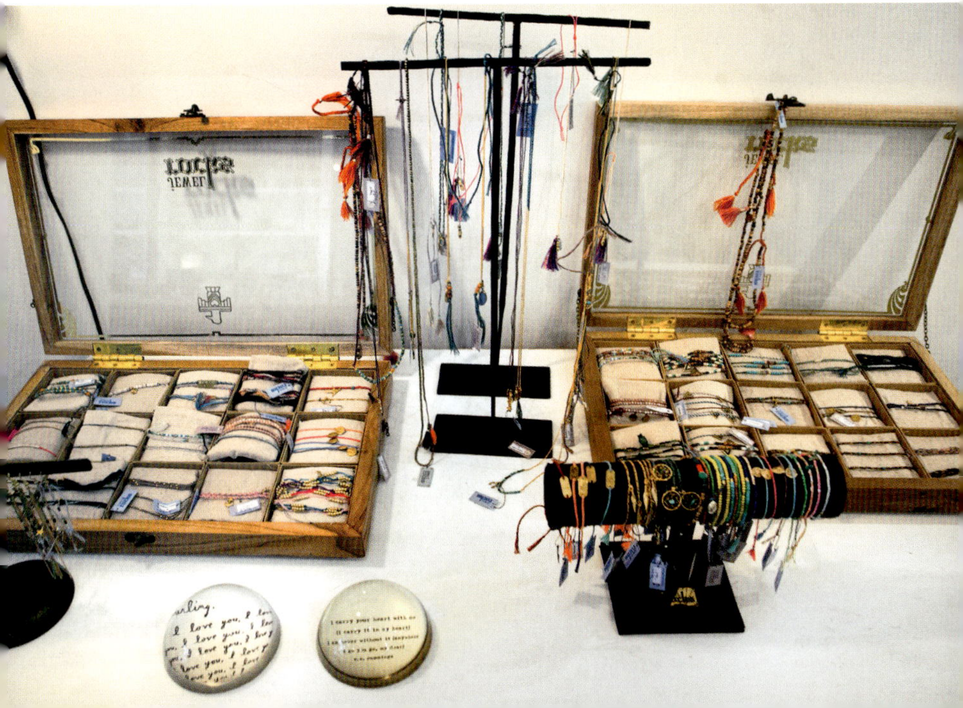

10 Die Annindriya Perfume Lounge

Betörende Düfte, eingefangen in Flakons

Das Interieur der Perfume Lounge strahlt eine Eleganz aus, die nicht gerade typisch niederländisch ist. Entlang der Wände stehen unzählige Flakons sorgfältig aufgereiht, der Raum ist erfüllt von einem Potpourri betörender Düfte. Inhaberin Tanja Deurloo darf ihr Geschäft, in dem sich alles um Duft dreht, die einzige echte »Haute Parfumerie« des Landes nennen – vergleichbare Parfümerien findet man nur in London, Paris und New York. Bereits in jungen Jahren entdeckte sie das Erinnerungsvermögen unseres Riechorgans. »Man wird mit einer Geruchsbibliothek geboren, die mit Ausnahme des Geruchs der eigenen Mutter leer ist«, erklärt Tanja. »Im Lauf des Lebens füllt sich diese Bibliothek, und mit jedem neuen Geruch schafft man eine neue Erinnerung, die mit einer intensiven Emotion verbunden ist. In Gerüchen vereint sich alles.« Das Spezialwissen der Duftexpertin, die studierte Chemikerin ist, beruht auf drei Pfeilern: Chemie, Psychologie und Marketing.

In der Perfume Lounge kann man unter fachkundiger Beratung von Tanja oder ihrer Mitarbeiterin Phine zwischen etwa 500 Düften, von klassisch bis modern, wählen oder ein persönliches Parfüm mischen lassen.

Außerdem entwickelt sie mit ihrem Unternehmen Annindriya für verschiedene Auftraggeber innovative Duftlösungen. Ihr jüngster Coup ist die Kreation »Eau d'Amsterdam« für das Künstlerduo Tijdmakers. Der Erlös kommt der Organisation des jährlich stattfindenden kulturellen Springsnow Festivals zugute, dessen Name den weißen Samen der Ulmen entstammt, die im Frühjahr wie Schnee auf den Straßen liegen. In Amsterdam gibt es über 75.000 Ulmen. Deshalb prägt dieser Baum das Bild und den Geruch der Stadt. »Mit seinen Blüten, den Blättern und dem Holz verströmt er einen ganz eigenen Duft«, sagt Tanja Deurloo, die es wissen muss. Einen Duft, den sie nun in einem Flakon eingefangen hat: »Eau d'Amsterdam«.

Adresse Cornelis Krusemanstraat 25, 1075 NC Amsterdam, Tel. 020/6798043, www.perfumelounge.nl, boetiek@perfumelounge.nl | **ÖPNV** Tram 2, 16, Haltestelle Valeriusplein | **Öffnungszeiten** Di–Fr 12–18 Uhr, Sa 12–17 Uhr

11 Das Antiekcentrum Amsterdam

Wer sucht, wird hier finden

1978 öffnete in einer ehemaligen Autowerkstatt an der Elandsgracht der größte überdachte Antiquitätenmarkt der Niederlande seine Tore. Lange Jahre hieß er »De Looier«, zur Erinnerung an die vielen Gerber, die sich Ende des 17. Jahrhunderts in diesem Teil des Viertels Jordaan niederließen. Doch weil kaum noch jemand die historische Bedeutung dieses Namens kennt, wurde das Geschäft in Antiekcentrum Amsterdam umgetauft. Etwa 50 Antiquitätenhändler haben hier ihre Verkaufsstände. Jeder führt ein eigenes spezielles Sortiment, von antikem Schmuck, Kronleuchtern und Silberzeug über Tafelbesteck, Spielzeug, Glas und Delfter Fayencen bis zu Steingut, Porzellan und Gemälden. Zudem gibt es etwa 100 Glasvitrinen, vermietet an Sammler, die darin ihre Kollektionen präsentieren. Um den Verkauf der Objekte kümmern sich fünf Mitarbeiter des Antiekcentrum. Eine von ihnen ist die Schauspielerin Johanneke van Kooten, die aus Liebe zu Antiquitäten ihre Dienste anbot und ein echtes Verkaufstalent ist. »Wenn ein Kunde etwas aus einer Vitrine haben möchte, drückt er auf eine der vielen Klingeln, worauf einer von uns die Vitrine öffnet. Beim Bezahlen erhält der Kunde einen Bon, mit dem er seine Anschaffung am nächsten Tag abholen kann. Wir hatten eine Kundin, die schon seit 15 Jahren auf der Suche nach einem bestimmten Löffel war. Ihr Mann begleitete sie stets geduldig, aber sie fanden ihn nirgendwo. Hier gibt es alle möglichen Löffel, dachten die beiden, aber gewiss nicht diesen ganz speziellen. Ich wusste jedoch, dass irgendwo eine Kiste mit Trödelkram herumstand, und tatsächlich, darin war der Löffel. Sie war außer sich vor Freude, allerdings glaube ich, ihr Mann hat sich noch mehr gefreut!«

Dreimal im Jahr veranstaltet das Zentrum einen Markt unter freiem Himmel. Mittwochs und am Wochenende kann man Tische anmieten, um seine eigenen Kostbarkeiten feilzubieten.

Adresse Elandsgracht 109, 1016 TT Amsterdam, Tel. 020/6249038,
www.antiekcentrumamsterdam.nl, info@antiekcentrumamsterdam.nl | **ÖPNV**
Tram 7, 10, Haltestelle Elandsgracht | **Öffnungszeiten** Mo 11–18 Uhr,
Di geschlossen, Mi–Fr 11–18 Uhr, Sa und So 11–17 Uhr

12 Antieke Kachels

*»Ein echter Holz- oder Kohleofen gibt doch
die beste Wärme.«*

Mit seiner einzigartigen Sammlung antiker Öfen ist Harrie van Gennip weit über die Landesgrenzen hinaus bekannt. Sein Showroom mutet an wie ein Museum. Hier stehen etwa 25 zumeist über 100 Jahre alte Holzöfen in unterschiedlicher Ausführung, Größe und Farbe, die Harrie persönlich liebevoll restauriert hat. In der wunderbar geheizten Werkstatt hinter dem Laden warten Dutzende weitere Exemplare auf die fachmännische Hand des Meisters. Sie kommen von nah und fern und unternehmen mitunter eine weite Reise zu ihrem neuen Besitzer. »Dieser blaue dort wird in den nächsten Tagen nach Moskau gebracht«, sagt Harrie mit bedauerndem Unterton. Das Abschiednehmen fällt ihm nicht leicht, denn »solch ein Ofen ist für mich wie ein Kind«.

Harrie begann sich für antike Öfen zu begeistern, als er 1978 seine Stelle als Buchhalter in seinem Geburtsort Venlo verlor und nach Amsterdam umzog. Zufällig lernte er dort Leute kennen, die alte Öfen aufarbeiteten, und dachte: Das müsste ich doch auch können. Bei einer Auktion kaufte er einen alten Ofen und begann daran herumzubasteln. Sein Geschick trat schnell zutage. »Ich nehme einen Ofen auseinander, schmirgle den Rost ab, wenn nötig, erneuere ich die Ofensteine, setze neue Glimmerscheiben ein und repariere Risse, indem ich eine gusseiserne Platte dagegensetze. Zum Schluss heize ich hier in der Werkstatt jeden Ofen zur Probe an. Als ich 1983 diese Räumlichkeiten in der Govert Flinckstraat erwarb, besaß ich bereits viel Erfahrung. Da mir inzwischen immer mehr Öfen zum Kauf angeboten werden, fahre ich nicht mehr so oft wie früher durch Dörfer in Frankreich, Norwegen und der Schweiz. Ich bereise Antiquitätenmärkte mit meinem kleinen Bus, einer Rampe und einer Sackkarre. Denn viele Exemplare sind bleischwer, gute Heizer, die ewig ihren Dienst tun. Ich schwöre darauf, denn ein echter Holz- oder Kohleofen gibt doch die beste Wärme.«

Adresse Govert Flinckstraat 402, 1074 CJ Amsterdam, Tel. 020/6793025, www.harrievangennip.nl, info@harrievangennip.nl | **ÖPNV** Tram 4, Haltestelle Stadhouderskade | **Öffnungszeiten** Do 13–18 Uhr, Sa 11–16 Uhr und nach Vereinbarung

13 Antonia, der Pantoffelwinkel

Im Winter Pantoffeln, im Sommer Flipflops

Mit einer Verkaufsfläche von zehn Quadratmetern ist dieses Geschäft eines der kleinsten in Amsterdam, wenn nicht gar im ganzen Land. Und es ist das einzige, das sich Pantoffelladen nennen darf. Zumindest im Winter. Denn dann steht der ganze Laden voller Pantoffeln, für Babys ebenso wie für Männer mit Schuhgröße 50. Im Frühling machen sie Platz für hippe Flipflops und bequeme Sandalen. Das ganze Jahr über gibt es bunte Holzschuhe und Gummistiefel.

1997 übernahm die Schuhdesignerin Yvette Riemersma von einer gewissen Antonia das exklusive Schuhlädchen, gelegen in den »Negen Straatjes«, einem sehr beliebten Einkaufsviertel. Als der Raum für ihre Kollektion zu klein wurde, übergab sie das Geschäft fünf Jahre später ihrer Mutter. Diese bat ihre zweite Tochter Thessa um Unterstützung, die inzwischen Mitinhaberin ist. »Meine Schwester hat schon recht bald Pantoffeln ins Sortiment aufgenommen«, erzählt Thessa. »Auf einer Messe sah sie ein Paar wunderschöne Kinderpantoffeln im Hollywood-Stil und kam auf die Idee, aus diesem Geschäft eine Art Tausenundeine-Nacht-Laden zu machen. Verwirklicht wurde sie nicht, denn es wurden immer mehr Pantoffeln. Deshalb beschloss sie, sich darauf zu spezialisieren und im Sommer zudem Flipflops und Sandalen anzubieten. Zu uns kommen viele Touristen, aber auch Mütter, die für die ganze Familie neue Hausschuhe kaufen, und junge Männer, die ihrer Freundin ein Paar schenken wollen. Wir haben auch Kunden, die uns mehr als einmal beehren. Wie zum Beispiel jene Mutter, die für sich selbst hübsche Pantoffeln gekauft hatte und eine Woche später wieder in den Laden kam. Ihre Tochter hatte sie eingeheimst, und nun brauchte sie neue. Oft bekommen Kinder zu Nikolaus als Geschenk Pantoffeln. Eltern werden hier gut beraten, zudem gibt es eine riesige Auswahl. Und nach dem Kauf verlassen sie glücklich den Laden.«

Adresse Gasthuismolensteeg 16, 1016 AN Amsterdam, Tel. 020/6272433, www.depantoffelwinkel.nl, info@depantoffelwinkel.nl | **ÖPNV** Tram 1, 2, Haltestelle Dam | **Öffnungszeiten** Di – Fr 10 – 18 Uhr, Sa 11 – 18 Uhr, So und Mo geschlossen

14 Athenaeum Nieuwscentrum

Nachrichten aus aller Welt

Um die Ecke vom Nieuwezijds Voorburgwal, wo früher die Redaktionen der wichtigsten niederländischen Tageszeitungen ihren Sitz hatten, befindet sich seit 1969 das Zentrum der gedruckten Nachrichten aus aller Welt. Nirgendwo in Europa – selbst darüber hinaus, wie Kunden aus dem Ausland meinen – findet man ein vergleichbar umfassendes Sortiment an weltweit erscheinenden Tages- und Wochenzeitungen. Beeindruckend ist auch die Auswahl an Zeitschriften zu Politik, Fotografie, Geschichte, Kunst, Lifestyle, Musik, Design und Architektur. Eines der Regale ist von oben bis unten mit Reiseführern zu nahezu allen Ländern unseres Erdballs gefüllt. Dabei haben sich die Einkäufer von Athenaeum sogar in Zurückhaltung geübt, nicht nur im Hinblick auf den verfügbaren Raum, sondern auch aus ideellen Gründen. Das Sportsegment besteht lediglich aus einer Fußballzeitschrift, zudem ist aufgrund der großen Nachfrage Motorradsport vertreten. Hochglanzmagazine über Segeln oder Autorennen wird man hier nicht finden. Stattdessen gibt es Special-Interest-Zeitschriften aus London oder Berlin, die man nirgendwo anders bekommt.

Das Nieuwscentrum wird nicht nur von Bewohnern des Viertels frequentiert, die hier täglich ihre Zeitung holen und für die es eine Art Treffpunkt darstellt, sondern auch von Stammkunden aus der gesamten Stadt. »Außerdem haben wir viele Kunden aus dem Ausland«, sagt Reny van der Kamp, die seit zwölf Jahren hier arbeitet und so manchen Wandel im Pressewesen miterlebt hat. »Nicht nur die grafische Gestaltung hat sich verändert, sondern auch die thematische Ausrichtung. So gibt es inzwischen immer mehr Hochglanzmagazine, die sich dem Lifestyle widmen.« Im Untergeschoss bietet Athenaeum ein breites Spektrum an Büchern über Kunst, Mode, Design und Architektur an. Hier ist man genau richtig, wenn man wissen möchte, was weltweit auf literarischem und kulturellem Gebiet passiert.

Adresse Spui 14–16, 1012 XA Amsterdam, Tel. 020/5141470, www.athenaeumnieuwscentrum.blogspot.com, nieuwscentrum@athenaeum.nl | **ÖPNV** Tram 1, 2, 5, Haltestelle Spui | **Öffnungszeiten** Mo–Sa 8–20 Uhr, So 10–18 Uhr

15 De Badjassenwinkel

Die Haute Couture der Bademäntel und Morgenröcke

Was gibt es Schöneres, als abends nach Hause zu kommen und die Arbeitskleidung gegen einen bequemen Morgenmantel einzutauschen? Handelt es sich dabei um ein Designermodell aus dem Badjassenwinkel, kann man sich darin durchaus sehen lassen. Und ist es nicht ein wohliges Gefühl, sich nach dem erquickenden Saunabesuch in einen superweichen Bademantel zu hüllen? »Verwöhnen Sie sich selbst«, so könnte das Motto dieses kleinen Geschäfts lauten, das neben Bademänteln und Morgenröcken auch eine erlesene Auswahl an Kimonos anbietet. Von führenden Marken und in allerbester Qualität.

Monique Schuchart führt mit ihrem Partner Fernando diesen wunderbaren Laden, dessen Vorgänger unter dem Namen »De Drie Doeckjes« 1984 von ihrer Mutter, Will van Dam, in der Gravenstraat eröffnet wurde. Die Mutter begann bescheiden mit Handtüchern, die sie mit einem Namen oder Logo bestickte. Als sie erkrankte, unterbrach Monique ihr Kunstgeschichtsstudium, um im Laden einzuspringen. Nach dem Tod der Mutter im Jahr 1997 übernahm sie das Ruder, erweiterte das Angebot um hochwertige Bademäntel und Morgenröcke und bezog ein neues Ladenlokal an der Vijzelgracht. Bei der Zusammenstellung der Kollektionen und der Stickerei kam Moniques künstlerische Ader natürlich zum Tragen. »Wir haben Bademäntel in jeder Größe«, sagt sie stolz, »für Babys, Kinder, Frauen und Männer mit 5XL!« Prompt betritt ein Herr von stattlicher Figur das Geschäft, der einen Morgenrock kaufen möchte. Ein langes Modell mit dezenten Streifen passt ihm wie angegossen.

Zu Moniques Kunden zählen Touristen, die einen luftigen Kimono erwerben, Großeltern, die auf ein Bademäntelchen den Namen ihres neugeborenen Enkelkindes sticken lassen, oder Schauspieler, die für eine Filmszene im Morgenrock zum Frühstück erscheinen sollen. Und natürlich verliebte Männer, die ihrer Angebeteten einen Bademantel fürs Leben schenken möchten.

Adresse Vijzelgracht 39, 1017 HP Amsterdam, Tel. 020/3201617, www.debadjassenwinkel.nl, info@debadjassenwinkel.nl | **ÖPNV** Tram 16, 24, Haltestelle Weteringcircuit | **Öffnungszeiten** Di–Fr 11–18 Uhr, Sa 11–17 Uhr, Donnerstagabend und Sonntagnachmittag nach Absprache

16 Baobab

Ein exotisches Sammelsurium

Als Thea de Vegte ihr Geschäft einrichtete, muss sie allem Anschein nach an Tausendundeine Nacht gedacht haben. Ihrem zauberhaften Reich voller asiatischer und orientalischer Kostbarkeiten gab sie den Namen Baobab. Dunkles Rot und glänzendes Silber sind die vorherrschenden Farben in diesem geheimnisvollen Raum, den sie selbst als ihr »Wohnzimmer« bezeichnet. Ringe, Armbänder, Ohrringe, Halsketten und Anhänger, ausgestellt in Vitrinen, stehen in der Gunst der Kunden an oberster Stelle. Seit der Eröffnung im Jahr 1976 hat Thea nicht nur den stets gut besuchten Laden geführt, sondern auch mit leidenschaftlichem Eifer eine beträchtliche Sammlung asiatischer Kunstobjekte aufgebaut.

Getrieben von Abenteuerlust, bereiste sie schon in jungen Jahren trampend und mit schmalem Budget die ganze Welt. Marokko und Tunesien waren ihre ersten Reiseziele. Von ihrem allerletzten Geld kaufte Thea ein traumschönes Armband, das den Neid ihrer Freundinnen erregte. Sie gaben ihr Geld mit, damit sie bei der nächsten Reise mehr Schmuck mitbrachte. So wurde aus einem Hobby mit der Zeit ein Beruf. Thea beschloss, einen Laden zu eröffnen und all das, was sie auf ihren Reisen insbesondere durch den Nahen Osten ergattert hatte, zu verkaufen. Das Angebot umfasst auch Stühle, Tische, Teppiche, japanische Hausaltäre und riesige Körbe. Den Namen des Geschäfts fand sie in Paris. »Ich habe da immer in einem Restaurant gegessen, das Baobab hieß, und sagte, dass mir der Name gefiele. Von da an nannte man mich dort ›Madame Baobab‹. Erst später erfuhr ich, dass dies ein berühmter afrikanischer Baum ist.«

Thea lebte an vielen fernen Orten, doch am meisten fasziniert sie Indien. Von dort stammen die antiken Möbel im Souterrain, das sie »Aladdins Wunderzimmer« nennt. Ihre Liebe zur Welt ist geblieben, doch inzwischen geht sie nicht mehr so oft auf Reisen. »Damals war alles anders, man war Reisender, kein Tourist.«

Adresse Elandsgracht 105, 1016 TT Amsterdam, Tel. 020/6268398, www.baobab-aziatica.nl, office@baobab-aziatica.nl | **ÖPNV** Tram 7, 10, Haltestelle Elandsgracht | **Öffnungszeiten** Di–Sa 11–18 Uhr, So und Mo 13–18 Uhr

17 __ The Barong Barong Gallery

Schönheit und Balance

Einst war das reich geschmückte Haus, in dem sich The Gallery befindet, Teil des angrenzenden Begijnhof, im Mittelalter als Wohnanlage für eine religiöse Frauengemeinschaft gegründet. Nach einer fatalen Feuersbrunst und zahlreichen Restaurierungen erhielt das wunderschöne Gebäude seine weltliche Bestimmung. Was hätten wohl die frommen Beginen von dem Geschäft mit seinem Schaufenster voller funkelnder Schmuckstücke gehalten? Das Interieur gleicht einem kleinen Museum, ebenso exotisch wie die hübsche Iranerin, die die Kundschaft mit einem strahlenden Lächeln begrüßt. Ihr Name sei Nastaran, erzählt sie. Sie führt den Laden zusammen mit ihrer Schwester Banafche, die den Laden einrichtete und mit Wiard Velthuisen, der all die schönen Dinge entwirft, verheiratet ist.

Als Sohn eines Holländers und einer Javanerin wuchs er in einem Haus voller indonesischer Antiquitäten auf, das für ihn eine unerschöpfliche Inspirationsquelle werden sollte. »Beim Entwerfen inspirieren mich eigentlich eher Emotion und Gefühl als greifbare Formen«, sagt er. Unter dem Markennamen Barong Barong vertreibt er seine Kollektion weltweit. »Barong Barong steht für Schönheit und Balance, die jeder in sich selbst und im Verhältnis zu seiner Umgebung finden sollte«, erklärt Wiard. »Unsere Schmuckstücke für Frauen und Männer werden in den Niederlanden entworfen und auf Bali handgefertigt. Wir arbeiten mit Gold, Silber und Edelsteinen, vor allem Onyx, Tigerauge und Labradorit, kombiniert mit Seide und besonderen Lederarten wie Krokodil, Rochen und Strauß.«

Außer Armreifen, Halsketten und Ohrringen, von schlichter Eleganz bis zu barocker Üppigkeit, findet man in The Gallery auch bunte Taschen, unter anderem die beliebten »Beach Bags«. Nastaran verrät noch, dass sie selbst niemals ohne Schmuck das Haus verlassen würde. »Das fühlt sich einfach nicht gut an«, meint sie.

Adresse Nieuwezijds Voorburgwal 383, 1012 RM Amsterdam, Tel. 020/2232058, www.barongbarong.com, info@barongbarong.com | **ÖPNV** Tram 1, 2, Haltestelle Spui | **Öffnungszeiten** Mo 12–18 Uhr, Di, Mi, Fr und Sa 11–18 Uhr, Do 10–19 Uhr, So 12–17 Uhr

18 Het Beeldverhaal

Die gezeichnete Welt zwischen Buchdeckeln

Der Unterschied zwischen »normalen« Lesern und Comiclesern ist groß, nur selten begeben die einen sich auf das Terrain der anderen. Während dem Leser die Begeisterung für die gezeichnete Geschichte eher fremd ist, kann sich der Comicleser eine Geschichte ohne Bilder nur schwerlich vorstellen.

Für Letztgenannten muss Het Beeldverhaal ein Paradies sein mit seinem schier unglaublichen Angebot von alten und neuen Comics, die sich in riesigen Regalen aneinanderreihen und stapelweise auf Tischen liegen.

Inhaberin Jeannette Scheepers geriet schon früh in den Bann der Bildgeschichten. Als sie 14 war, wollte sie am liebsten in einer Buchhandlung arbeiten, doch ihre Mutter schickte sie auf eine Hauswirtschaftsschule. »Das war nichts für mich, zwar hatte ich in Geschichte gute Noten, aber im Handarbeiten versagte ich völlig!« Sie protestierte so lange, bis ihre Mutter sagte: »Kind, wenn dir so viel an Büchern liegt, verkauf sie doch selbst.« Gesagt, getan. »Also habe ich mir einen VW-Bus gekauft, ihn mit Büchern beladen und mich damit samstags auf den Lindengrachtmarkt gestellt. Der erste Comic für Erwachsene, den ich gekauft habe, war von Enki Bilal, der mit fließenden Linien einen ganz eigenen Zeichenstil geschaffen hat. Als ich erkannte, dass es mehr gibt als ›Asterix und Obelix‹, habe ich angefangen, mich ins Thema Comic zu vertiefen.«

Nachdem ihr Marktstand zu klein wurde, übernahm Jeanette zunächst ein Ladenlokal in der Kinkerstraat und bezog 2011 das heutige Geschäft. »Nun weiß ich wirklich alles über Comics«, sagt sie selbstbewusst. »In meinem Kopf ist ein Laufwerk, auf dem alle Comics gespeichert sind. Ich habe zwar immer ein paar Favoriten, aber die können wechseln: Tardi, Ratt, Bilal. Auch in den Niederlanden gibt es viele großartige Comiczeichner: Joost Swarte, Dick Matena oder Hanco Kolk, der mit einem einzigen Strich etwas darstellen kann. So etwas macht mich glücklich.«

Adresse Bilderdijkstraat 80, 1053 KW Amsterdam, Tel. 020/6855100, www.beeldverhaalamsterdam.nl, info@beeldverhaal.nl | ÖPNV ab Hauptbahnhof Tram 12, 13, 14, Haltestelle Bilderdijkstraat | **Öffnungszeiten** Di–Sa 10.30–18 Uhr, Mo geschlossen

19___De Bierkoning

Biere vom Range eines edlen Weins

Bierkönig Jos van Niele ist der stolze Besitzer eines der kleinsten Geschäfte der Stadt. Erstaunlicherweise ist es ihm gelungen, darin über 1500 Biersorten sowie die dazugehörigen Gläser unterzubringen. Kenner aus dem In- und Ausland finden inzwischen den Weg zu seinem kleinen Königreich, in dem zumeist großer Andrang herrscht. Wo bekommt man schließlich Biere wie »Vuur+Gloed«, »Dubbel+Dik«, »Arm+Zalig«, »Wijs+Neuzig«, »Stout+Moedig«, »Mannenliefde«, »Ring your mother«, »Kapitein Knevelbaard« oder »Naeckt voor Pampus«? Dafür nimmt man als passionierter Biertrinker schon mal eine gewisse Wartezeit in Kauf.

Jos begann seinen Handel 1985 mit nicht einmal 100 Biersorten insbesondere belgischer Herkunft. Zuvor hatte er seinen Unterhalt auf unterschiedlichste Weise bestritten, zum Beispiel als Müllsammler und Tontechniker. »Nachts durchstöberte ich die Mülleimer und verkaufte die Dinge, die ich für brauchbar hielt, auf dem Flohmarkt. Meine Freunde aus der Hausbesetzerszene nannten mich wegen meines unsteten Lebenswandels Jos Vlo. Unsere eigene Biermarke (sieben Prozent Alkohol, Obergärung) trägt ebenfalls den Namen ›Vlo‹. Irgendwann begann mein Freund Chris, Biere aus Belgien mitzubringen. Die kamen bei den Hausbesetzern gut an, denn von dem hier üblichen Pils hielten wir nichts. Das verkaufe ich übrigens auch heute nicht. Chris eröffnete einen kleinen Laden und fragte mich, ob ich nicht einsteigen wolle. Doch ich machte gerade als Tontechniker beim Fernsehen Furore und musste mich nicht unbedingt dem Bierhandel widmen. Schließlich hat er mich dann doch überredet, und 1986 habe ich das Geschäft übernommen.«

Zu den 100 belgischen Sorten gesellten sich exklusive Spezialbiere aus Deutschland, England, Skandinavien, Amerika und Japan – jede garantiert vom Personal gekostet. Denn wenn es um Biere vom Range eines edlen Weins geht, darf der Kunde eine gute Beratung erwarten.

20 Brilmuseum & Brillenwinkel

Vintagebrillen zum Anschauen und Kaufen

Das auffällige Ladenschild lässt keine Zweifel aufkommen: Hier dreht sich alles um die Brille. Allerdings nicht irgendeine, sondern die Brille aus vergangenen Zeiten, die Retrobrille. Das Geschäft mit dazugehörigem Museum wurde 1997 von Jan Teunissen eröffnet, der aus einer Optikerfamilie stammt. Doch im Gegensatz zu seinen Großeltern und Eltern interessierte sich Jan vor allem für die Geschichte der Brillen. Zudem war er leidenschaftlicher Sammler, der auf der Suche nach alten Modellen durchs ganze Land reiste. Bis seine Kollektion interessant genug war, um sie in einem Museum auszustellen.

Gemeinsam mit seiner Tochter Mijke stürzte er sich in das Abenteuer. Im Gasthuismolensteeg fanden sie ein heruntergekommenes Haus aus dem Jahr 1620, das renoviert und von Mijke anhand von Fotos in den ursprünglichen Zustand versetzt wurde. »Eigentlich bin ich Innenarchitektin«, erzählt Mijke, »deshalb war dies für mich ein phantastischer Auftrag. Wir wollten nicht nur ein Museum aufbauen, sondern auch Brillengestelle aus den letzten 100 Jahren verkaufen. Fündig wurden wir bei älteren Optikern, auf Messen, manchmal auch an unerwarteten Orten. Von der berühmten Schubert-Brille bis zur Schmetterlingsbrille von Dame Edna, von der Lorgnette bis zur Nana-Mouskouri-Brille. Die meisten Optiker statten Vintagebrillen mit modernen Gläsern aus, manche gewähren sogar einen Rabatt.«

Über zwei schmale Wendeltreppen gelangt man nach oben ins Museum, das den Besucher durch 700 Jahre Geschichte der Optik führt: von den Vergrößerungsglassteinen der Franziskanermönche über die Lorgnette aus dem Jahr 1650 bis zu Brillen fürs Auto- und Motorradfahren, die aus den 1920er Jahren stammen. Gemälde und Karikaturen schmücken die Wände, sinnreiche Sprüche die Balken an der Decke. So lesen wir: »Das Auge sieht alles außer sich selbst.« Ein ebenso unterhaltsamer wie lehrreicher Besuch!

Adresse Gasthuismolensteeg 7, 1016 AM Amsterdam, Tel. 020/4212414, www.brilmuseumamsterdam.nl, brilmuseum.brillenwinkel@worldmail.nl | **ÖPNV** Tram 1, 2, Haltestelle Dam | **Öffnungszeiten** Mi–Fr 11.30–17.30 Uhr, Sa 11.30–17 Uhr

21 Van den Broek Biljarts

Rollende Kugeln auf grünen Tischen

In diesem Geschäft findet der Kunde garantiert alles, was mit Billard zu tun hat: von der einfachen Kreide über Pool- und Snooker-Queues bis zu kompletten Billardtischen. Zum Sortiment gehören auch Kickertische, Tischtennisplatten sowie Lampen in allen Formen und Farben.

Inhaber dieses Spielerparadieses ist Remco Tolsma, der den Laden vor 20 Jahren inklusive des Gründernamens Van den Broek übernahm. Nach bescheidenen Anfängen im Jahr 1956 in Amsterdam West gelang es Wim van den Broek in kurzer Zeit, sein kleines Unternehmen zu vergrößern. 1963 ließ er sich am heutigen Standort im Stadtteil De Pijp nieder. Van den Broek hatte drei Söhne, die zu Beginn alle bei ihrem Vater arbeiteten. Sohn Cees war es schließlich, der 1975 die Nachfolge antrat.

Cees holte den Tischler Herman Tolsma ins Geschäft, der nicht nur ein äußerst fachkundiger Mitarbeiter, sondern auch ein guter Freund wurde. »Schon als Kind hing ich dort oft herum«, erinnert sich sein Sohn Remco. »Ich kroch über den Boden und kletterte auf die Billardtische, fand das alles toll und wusste schon damals, dass ich den Laden eines Tages übernehmen würde. 1999 war es dann so weit, und ich war gerade mal 23 Jahre alt! Für die Anfertigung von Billardtischen gibt es keine Ausbildung, die Kenntnisse gehen vom Vater auf den Sohn über. Vorausgesetzt, man ist handwerklich geschickt. Ich bin zwar Linkshänder, habe aber zum Glück zwei rechte Hände. Man muss Polsterer, Schreiner, technischer Konstrukteur sein und zudem Ahnung von Computern haben. Und als Unternehmer muss man natürlich auch wissen, wie man einen Laden mit diesem Warensortiment führt. Manchmal sehne ich mich zurück nach der Kindheit, als man zum Geburtstag eine Billardkugel geschenkt bekam. Dann wurde abends das Sofa an die Seite gerückt und Billard gespielt. Heutzutage hockt man vor dem Fernseher oder Computer. Das finde ich wirklich schade.«

Adresse Van Ostadestraat 177, 1073 TL Amsterdam, Tel. 020/6738470 oder 06/54343800, www.vandenbroekbiljarts.nl, info@vandenbroekbiljarts.nl | **ÖPNV** Tram 3, Haltestelle Tweede van der Helststraat; Tram 16, Haltestelle Albert Cuypstraat | **Öffnungszeiten** Mo nur nach Absprache, Di, Do und Fr 10–16.30 Uhr, Mi 13–16.30 Uhr (auch telefonisch erreichbar), Sa 10–14 Uhr (1. Sept. bis 30. April)

22__Broekmans & Van Poppel

Hier sind Musiker und Zuhörer gleichermaßen
willkommen

Als ich das erste Mal hier war, muss ich etwa acht Jahre alt gewesen sein. An der Hand meiner Mutter betrat ich den stadtbekannten Laden, um die klassischen Lehrbücher für Klavierschüler zu kaufen. Zutiefst beeindruckt war ich von all den Fächern voller Notenblätter, all den berühmten Namen: Bach, Beethoven, Mozart, Schubert, Ravel, Debussy … Zwar hatte ich ihre Musik schon oft zu Hause gehört, doch wie sie die Noten einst aufgeschrieben hatten, das wusste ich damals noch nicht.

2014 feierte Broekmans & Van Poppel sein 100-jähriges Bestehen, nach Aussage der heutigen Inhaber, Marco und Wilfred Ganzinotti, muss das Geschäft jedoch älter sein. »Die ersten Kassenbücher datieren aus dem Jahr 1914«, erzählt Marco, »das ist unser einziger Anhaltspunkt. Das genaue Gründungsjahr unseres Ladens bleibt ein wenig rätselhaft.« Das gilt auch für die Namensgeber, wer waren die Herren Broekmans und van Poppel? Gesichert ist, dass sie das Geschäft einem gewissen Vermeer übergaben, dem wiederum die ersten Ganzinottis folgten.

Marco ist die vierte Generation dieser ursprünglich aus der Schweiz stammenden Familie. Gemeinsam mit seinem Großneffen Wilfred führt er seit nun fast 25 Jahren das legendäre Musikhaus. Keiner von ihnen spielt ein Instrument, doch beide lieben Musik. Und mit großem Vergnügen verkaufen sie nicht nur so ungefähr alles, was an Noten herausgegeben wurde und wird – unter anderem im eigenen Verlag –, sondern auch Bücher über Musik, Musikerbiografien und das, was Marco »Schmuck« nennt: Karten, Bleistifte, Radiergummis und Magneten. Musikdozenten versorgen sie mit Lehrmaterialien, Musiker des nahe gelegenen Concertgebouw mit Taschenpartituren. Wer nicht selbst musiziert, aber gerne Musik hört, kann in der ersten Etage nach Herzenslust schwelgen. Dort herrscht der überaus bewanderte Hugo de Groot über eine riesige Sammlung von CDs aller nur denkbaren Genres.

Adresse Van Baerlestraat 92, 1071 BB Amsterdam, Tel. 020/6796575, CD-Abteilung 020/6751653, www.broekmans.com, music@broekmans.com, cdafdeling@broekmans.com | **ÖPNV** Tram 3, 5, 12, Haltestelle Museumplein | **Öffnungszeiten** Mo–Fr 9–18 Uhr, Sa 9–17 Uhr

23_ Candy Freaks

Süßes genießen ohne schlechtes Gewissen

Dieses Süßwarengeschäft ist ein echter Farbtupfer inmitten des trubeligen Zentrums der Stadt. Im Schaufenster stehen vier Frauenköpfe, deren phantasievolle Frisuren von Künstlerhänden aus allerlei Süßigkeiten wie Lakritze, Bonbons und Schokolade gestaltet wurden. Im Laden erwarten den Kunden lange Regale voller bunter Süßigkeiten, alle mit natürlichen Inhaltsstoffen. Egal, welche Allergie man hat oder welcher Lebensphilosophie man auch anhängen mag, hier wird jeder fündig: der Diabetiker, der Veganer oder aber die Naschkatze mit Gewichtsproblemen, die ohne Schuldgefühle eine süße Köstlichkeit genießen möchte. Wie hätten Sie es gerne? Klassisch? Natürlich? Biologisch? Zuckerfrei? Gelatinefrei? Glutenfrei? Vegetarisch? Vegan? Halal? Koscher? Bei Candy Freaks gibt es alles. Hier findet man nicht nur die größte Auswahl an Süßigkeiten zum Selbstbedienen in Europa, sondern auch ein breites Sortiment klassischer Süßwaren. Der Inhaber vertritt die Meinung, dass die meisten Kunden gesünder leben wollen und lieber biologische Süßigkeiten essen, die keine chemischen Zusätze haben, aber so köstlich schmecken wie früher.

Candy Freaks verkauft nicht nur allerlei Leckereien, sondern betreibt auch aktiv Aufklärung. Die Mitarbeiter möchten bereits bei Kindern ein Bewusstsein für die inzwischen bekannten Gefahren chemisch manipulierter Lebensmittel wecken und informieren über ein gesünderes Essverhalten. In der Hoffnung, ihnen dadurch andere, bessere Essgewohnheiten beizubringen. Erstaunlicherweise geschieht dies in einem Laden, in dem täglich die herrlichsten Lütticher Waffeln gebacken werden, in dem man seine persönliche Schokoladentafel kreieren kann und wo auf einem Podest eine Dame in einer Wanne voller Schokolade badet. Dieses Kunstwerk kann man übrigens ebenso wie die mit Süßigkeiten geschmückten Köpfe – was auch immer der Anlass sein möge – im Geschäft bestellen.

Adresse Nieuwe Hoogstraat 4, 1011 HE Amsterdam, Tel. 020/2230811, www.candyfreaks.com, candy@candyfreaks.com | **ÖPNV** Metro 53, 54, Haltestelle Nieuwe Hoogstraat | **Öffnungszeiten** Mo–So 12–18 Uhr

24 Capsicum Natuurstoffen

Ein Feuerwerk von Farben

Das Erste, was das Auge des Kunden beim Betreten des weitläufigen hellen Geschäfts wahrnimmt, ist das ungeheure Spektrum an Farben. Stoffe und Kissen, sorgfältig nach Farbtönen in Regalen angeordnet, Schals, Tisch-, Bett- und Tagesdecken, Oberhemden, Beispiele für maßgefertigte Gardinen – es ist ein einziges Feuerwerk von Farben. Gezündet wurde es in den 70er Jahren. Es war die Zeit der Hippies, die in großen Scharen nach Indien reisten und von dort nicht nur die Lebensweise, sondern auch die berühmte indische Seide in ihre Heimat importierten. Zu Beginn war es dann auch die einzigartige Kollektion an Seidenstoffen, die Capsicum (Pfeffer), 1975 eröffnet von Steve und Deborah Pepper, bekannt machte. Doch aus den Hippies wurden brave Familienväter, Goa war nicht mehr ihr Reiseziel, und indische Seide allein genügte nicht mehr. So wurden Stoffe von thailändischen Produzenten ins Angebot aufgenommen.

2008 trat Nelleke van de Streek die Nachfolge als Inhaberin an. Als ehemalige Mitarbeiterin besaß sie die nötigen Kenntnisse, um den renommierten Laden weiterzuführen und gemeinsam mit Kollegin Anne Ritsema van Eck das Sortiment zu erweitern. Indien ist nach wie vor der Hauptimporteur für Capsicum. Die Kollektionen werden in Amsterdam entworfen und entwickelt, doch größtenteils in Indien – auf traditionellen Webstühlen – gefertigt und von Hand bestickt.

Capsicum bemüht sich darum, den Webern einen angemessenen Lohn zu zahlen, gute Arbeitsbedingungen zu schaffen und umweltfreundliche Produktionsprozesse zu etablieren. Deshalb stattet Nelleke van de Streek den Webereizentren regelmäßig Besuche ab. Seit 1999 arbeitet Capsicum mit »Karm Marg« zusammen, einem Straßenkinderprojekt in Neu-Delhi. Die aus alten Zeitungen recycelten Papiertaschen, in denen Capsicum die gekaufte Ware einpackt, werden von den Karm-Marg-Kindern angefertigt.

Adresse Oude Hoogstraat 1, 1012 CD Amsterdam, Tel. 020/6231016, www.capsicum.nl, shop@capsicum.nl | **ÖPNV** Metro 53, 54, Haltestelle Nieuwmarkt; Tram 9, 14, 16, 24, Haltestelle Dam | **Öffnungszeiten** Mo 11–18 Uhr, Di–Sa 10–18 Uhr, So 13–17 Uhr

25_Die Casa Bocage
Die kulinarische Welt Portugals

Der Name dieses stilvoll eingerichteten Delikatessengeschäfts erinnert an einen der berühmtesten portugiesischen Schriftsteller: Manuel Maria Barbosa du Bocage, der von 1765 bis 1805 lebte. Als zügelloser Hedonist hätte er sich in diesem Haus, das sich den kulinarischen Genüssen Portugals verschrieben hat, gewiss wohlgefühlt. 2002 gründete Antonio unter dem Namen Daily Portugal einen Importhandel für Bier, Wein und Bacalao (Stockfisch) aus Aveiro. Das Geschäft florierte, und so machte sich Antonio auf die Suche nach einem Kompagnon. Die Wahl fiel auf Marco, dem er 2010 die Geschäftsführung des Bocage übertrug, um seine Lieferanten in Lissabon und Porto öfter besuchen zu können.

Es war die Portugiesin Jolinda, viele Jahre unsere treue Haushaltshilfe, die mir zum ersten Mal von der Casa Bocage erzählte. Dort besorgte sie die dicken Scheiben Bacalao, aus denen sie ihre herrlichen »Croquetas de bacalao« zubereitete, würzige Kroketten aus in Salz eingelegtem Kabeljau. Auch für ihr Gericht »Bacalao com nata« ging sie in die Haarlemmerstraat und kaufte dort den Fisch für diesen herrlichen Auflauf.

In der Casa Bocage gibt es die »Croquetas de bacalao« zum Mitnehmen, oder man verzehrt sie gleich dort, ebenso wie die »Pastel de nata« (süße Blätterteigtörtchen). Amsterdamer portugiesischer Herkunft holen hier regelmäßig ihre bevorzugten Croquetas oder eine Flasche Vinho verde, jenen Wein, der sie an ihre Heimat erinnert. Denn neben Delikatessen wie Wurst und Käse, exquisitem Olivenöl und Essig, Marmeladen aus Paprika und Kürbis, in Öl eingelegten Muscheln, Sardinen und Thunfisch in der Dose, Meersalz, biologisch angebautem Tee und dem berühmten Delta Café – den man auch an der Bar des Geschäfts trinken kann – bieten die Männer von Bocage ein ausgewähltes Sortiment an Weinen aus den besten Anbaugebieten Portugals an. Und natürlich Port in allen Reifegraden.

Adresse Haarlemmerstraat 111a, 1013 EM Amsterdam, Tel. 020/7723458, info@dailyportugal.nl | **ÖPNV** 8 Minuten Fußweg vom Hauptbahnhof | **Öffnungszeiten** Mo 13–17 Uhr, Di–Fr 11–19 Uhr, Sa 10–18 Uhr, So 12–17 Uhr

26_ Cine Qua Non
Ein Sammler für die Sammler

In diesem Eldorado findet der Filmfan ungelogen alles rund um sein Lieblingsthema, seien es DVDs, Fotografien, Plakate, Postkarten oder Bücher. Man muss zwar in dem hier herrschenden Durcheinander ein Weilchen suchen, aber das ist allemal die Mühe wert. Andernfalls bietet Eric – »Nachname ist nicht nötig« – jederzeit seine Hilfe an. »Er weiß wirklich alles«, ruft eine junge Frau, die eifrig einen Ständer mit Plakaten durchblättert. Eric hält sich im hinteren Teil des Geschäfts auf, wo er an einem überfüllten Schreibtisch sitzt und gemütlich an seiner Zigarette zieht. »Das ist der einzige Laden, in dem geraucht werden darf«, sagt er zufrieden. »Rauchen gehört irgendwie zum Film.« Denkt man an Humphrey Bogart, der in dem Klassiker »Casablanca« keine Sekunde ohne Zigarette zu sehen ist, muss man Eric recht geben. Auf einem Regalbrett hinter seinem Tisch bewahrt er Memorabilien von einstmals berühmten Filmstars auf. »Gesammelt für Stammkunden, die danach suchten und sie nicht abgeholt haben«, erklärt Eric. »Aber nun weiß ich, wo ich Bette Midler und Anna Magnani finden kann. Ich bin ein Sammler für die Sammler.«

Gegründet hat Eric sein Geschäft vor 33 Jahren. Zunächst für Studenten der Filmakademie, später kamen Filmemacher hinzu. Inzwischen besteht die Kundschaft hauptsächlich aus Filmfreaks und Touristen. »Ich habe mich schon immer für Film interessiert, bin ständig ins Kino gegangen. In Paris und London gab es früher viele Läden dieser Art, doch sie sind alle verschwunden. Die Mieten sind unbezahlbar geworden, und Filme werden heutzutage im Internet runtergeladen. Wahrscheinlich bin ich der Einzige in ganz Europa. Nein, ich schaue mir nicht mehr oft Filme an, eigentlich nur die alten. Jetzt, wo ich älter bin, sehe ich sie mit anderen Augen. Mein Lieblingsfilm? ›Stalker‹ von dem Russen Tarkowski.« Eric betreibt keinen Webshop. »Dann würde ich meinen Spielplatz verlieren!«

Adresse Staalstraat 14, 1011 JL Amsterdam, Tel. 020/6255588, www.cinequanonline.com, cine.qua.nonsense@gmail.com | **ÖPNV** Metro 53, 54, Haltestelle Waterlooplein | **Öffnungszeiten** Di–So 13–20 Uhr

27 __ Concerto

Hotspot für Vinylscheiben und andere Tonträger

Den Namen Concerto kennt man seit 1955. Bereits damals das Schallplattenparadies von Amsterdam, mit Sitz in einem kleinen Ladenlokal in der Utrechtsestraat. Man ging – und geht auch heute – dorthin, um Secondhand-LPs zu kaufen. So suchte man früher als mittelloser Teenager möglichst unauffällig ein paar Scheiben aus Vaters Plattenschrank aus, verkaufte sie an Concerto und konnte sich so wieder ein Glas Bier oder eine Packung Zigaretten erlauben. Oder das Geld wurde gleich vor Ort wieder angelegt für die ganz besondere Platte, die man schon immer haben wollte.

Von einem ausschließlich Langspielplatten führenden, bei Jung und Alt beliebten Laden wuchs Concerto heran zu einem fünf Geschäfte zählenden Hotspot für Musikfreunde. Im Laufe der Jahre hat sich das Sortiment grundlegend gewandelt: Gingen zu Beginn nur LPs über die Ladentheke, finden die Kunden hier heutzutage sowohl neue als auch gebrauchte CDs, Vinylscheiben (zur Freude vieler Musikfans aus der Versenkung zurückgekehrt!) und DVDs verschiedenster Genres, von Pop und World Music über Jazz bis zu Klassik sowie eine große Auswahl an Spielfilmen, TV-Serien und Musik-DVDs.

Was man hier nicht findet, gibt es nicht. Und wie früher begegnet man hier auch heutzutage finanzschwachen Studenten, die entbehrliche Aufnahmen aus ihrer CD-Sammlung zu Geld machen oder gegen neuere Releases eintauschen.

Für jedes Genre gibt es in diesem Heiligtum eine eigene Abteilung, betreut von kundigen Mitarbeitern, die den Kunden geduldig beraten. Zum Angebot gehört auch das Zubehör: Plattenspieler, Kopfhörer, jedwede Audiotechnik findet man hier. Dem Geschäft angeschlossen ist das Lokal Concerto Koffie, in dem außer Kaffee und anderen Getränken auch Frühstück und Mittagsgerichte serviert werden und regelmäßig Ausstellungen, Filmvorführungen, Signierstunden und Live-Auftritte stattfinden.

Adresse Utrechtsestraat 52−60, 1017 VP Amsterdam, Tel. 020/2612610, www.concerto.nl, info@concerto.amsterdam | **ÖPNV** Tram 4, Haltestelle Prinsengracht; Metro 53, 54, Haltestelle Waterlooplein | **Öffnungszeiten** Mo, Mi und Sa 10−18 Uhr, Do und Fr 10−19 Uhr, So 12−18 Uhr

28 Die Condomerie

Safer Sex mit Spaßfaktor

Alles in diesem einzigartigen Geschäft steht im Zeichen des Kondoms, sogar die riesige Lampe über der Ladentheke hat die Form eines Präservativs. Jeder Mitarbeiter hat die Ausbildung »Kondomologie« absolviert, Geschäftsgründer Theodoor van Boven bezeichnet sich als »Kondomologist«. Die Wände sind mit einer kunterbunten Sammlung lustiger Papp-Pariser geschmückt, die »Menükarte« auf der Theke listet Kondome in über 30 Geschmacksrichtungen auf, von Erdbeere und Ananas über Vanille bis Cognac. Doch die ebenso einfallsreiche wie vergnügliche Präsentation des farbenfrohen Sortiments sollte nicht darüber hinwegtäuschen, dass die Betreiber des Ladens ein ernsthaftes Anliegen haben.

Die Idee, ein Geschäft für Kondome zu eröffnen, kam 1987 auf, als die gefährliche Verbreitung von Aids ihren Anfang nahm und Safer Sex von lebenswichtiger Bedeutung wurde. Damals gab es weder eine große Auswahl an Kondomen noch ausreichende Informationen: Höchste Zeit für ein Spezialgeschäft, dachten die Gründer Marijke Vilijn, Ricky Janssen und Theodoor van Boven. Ihr Shop im Herzen der Altstadt, mit dem sie seinerzeit ein Tabu brachen, wurde nicht nur zur Sehenswürdigkeit, sondern auch vom Ansatz her ein großer Erfolg. Die Kundschaft besteht nach wie vor aus Jung und Alt, Männer kommen ebenso wie Frauen, Touristen aus aller Herren Länder und auch die Prostituierten, die in dieser Rotlichtgegend ihrer Arbeit nachgehen.

Die Condomerie hat sich längst den Ruf erworben, einen wichtigen Beitrag zum Kampf gegen Aids zu leisten. Und sie ist ein Ort, wo Kunden auf der Suche nach dem geeigneten Kondom von geschulten Mitarbeitern diskret beraten werden. Damit sie sicher, aber auch so angenehm wie möglich Sex genießen können. Neben Kondomen mit Prüfsiegel kann man auch Spaß- und Phantasie-Exemplare kaufen. Denn, so lautet die Philosophie, mit einem Lächeln kommt die Safer-Sex-Botschaft besser an.

Adresse Warmoesstraat 141, 1012 JB Amsterdam, Tel. 020/6274174, http://condomerie.com, info@condomerie.com | ÖPNV Tram 4, 9, 14, 16, Haltestelle Dam | Öffnungszeiten Mo, Mi–Sa 11–21 Uhr, Di 11–18 Uhr, So 13–18 Uhr

29__Coppenhagen
Mehr als tausendundeine Perle

Mit seinem 50-jährigen Bestehen und einer schier unglaublichen Auswahl an Perlen und allem, was dazugehört, darf sich Coppenhagen nicht nur als ältesten, sondern auch bestsortierten Perlenladen der Niederlande bezeichnen. Auch wer die Anfertigung von Schmuck nicht zu seinen Hobbys zählt, wird hier ins Staunen geraten angesichts der unzähligen perfekt nach Farbe angeordneten Gläser und Kästchen mit allen nur denkbaren Arten von Perlen: Glasperlen aus Venedig, Perlen aus Edelsteinen, Rocailles, Perlen aus Sterlingsilber sowie vergoldete und versilberte Metallperlen, Holzperlen in unterschiedlichen Größen, Perlen aus Fruchtkernen und Muscheln exotischer Herkunft, um nur einige zu nennen. Und das alles in sämtlichen Farben des Regenbogens. Perlen können auch einem guten Zweck dienen, wie die »Pearls for Moldavia«. Einen Teil des Verkaufserlöses dieser besonderen Perlen spendet Coppenhagen einer Garküche in Moldawien.

Neben Perlen findet man in diesem Wunderladen natürlich auch Zangen, verschiedene Drahtsorten und Schnüre, Lederbänder, Verschlüsse, Ohrringe, kurz alles, was man benötigt, um aus den Perlen Schmuck zu fertigen. Und sollte man zu Hause ein kaputtes Schmuckstück haben, kann man es hier in Reparatur geben. Muss allerdings gelötet werden, wird man an einen Goldschmied verwiesen.

Für alle, die selbst Schmuck herstellen möchten, veranstaltet Coppenhagen täglich nach Ladenschluss Workshops, in denen alle vorrätigen Materialien zur Verfügung gestellt werden. Unter fachkundiger Anleitung können jeweils bis zu sechs Teilnehmer hier ihre eigenen Objekte gestalten. Coppenhagen ist kein Geschäft, das man für eine schnelle Besorgung aufsucht. Hier muss man sich unbedingt Zeit nehmen, um sich in aller Ruhe umzuschauen, den Rat der Mitarbeiter einzuholen und schließlich aus dem überwältigenden Angebot seine eigene Wahl zu treffen.

Adresse Rozengracht 54, 1016 ND Amsterdam, Tel. 020/6243681, www.coppenhagenbeads.nl, mail@coppenhagenbeads.nl | **ÖPNV** Tram 13, 14, 17, Haltestelle Westermarkt | **Öffnungs-zeiten** Mo 13–18 Uhr, Di–Fr 10–18 Uhr, Sa 10–17 Uhr

30 __ Davoud

Das Teppichhaus, in dem jeder Wunsch erfüllt wird

Man ist jung und man will etwas, nennt Davoud Mirshahi den Grund, weshalb er 1975 den Iran verlassen hat. Als eins von acht Kindern eines Teppichhändlers in Teheran sah er kaum eine Zukunft in seinem von Unruhen erschütterten Heimatland. Europäische Frauen seien sehr hübsch, hatte er gehört, also reiste er nach Deutschland, wo er in Hamburg bei einem Teppichgroßhändler als Restaurateur arbeitete. Da in den Niederlanden die Chancen, sich selbstständig zu machen, besser schienen, zog Davoud nach Amsterdam. Nachdem er zwei Jahre bei einem Großhändler tätig war, wagte er es, in der Kinkerstraat ein eigenes Geschäft für orientalische und europäische handgeknüpfte Teppiche zu eröffnen. Schon bald musste er sich auf die Suche nach einem größeren Ladenlokal begeben. Seit 1978 befindet sich Davoud am heutigen Standort. Inzwischen besitzt der Geschäftsmann vier miteinander verbundene Ladenlokale, in denen eine Fülle von Kelims und Teppichen angeboten wird. Damit ist Davoud stolzer Besitzer der größten Kollektion orientalischer und europäischer Teppiche in den Beneluxländern.

Regelmäßig besucht er Auktionshäuser im In- und Ausland, um die schönsten Stücke zu erwerben. Die Ausbeute seiner Reisen verdient Respekt: stapelweise Teppiche entlang allen Wänden, während im Keller weitere Stapel von Teppichen darauf warten, ins Ausland exportiert zu werden. Hier liegen auch die teuersten Exemplare, wunderschöne antike Gobelins aus reiner Seide. Davoud hat nicht nur die schönsten Teppiche aus dem Iran, Indien und Nordafrika, sondern auch aus den Niederlanden. Er nimmt zudem Auftragsarbeiten an und fertigt Teppiche nach Maß an. Wie zum Beispiel einen hochflorigen rosafarbenen Teppich, den ein Vater für seine neugeborene Tochter bestellt hat. In der eigenen Werkstatt werden auch verschmutzte oder verschlissene Exemplare gereinigt und repariert. Denn bei Davoud wird jeder Wunsch erfüllt.

Adresse Admiraal de Ruyterweg 46–50, 1056 GK Amsterdam, Tel. 020/6161776 oder 06/53168970, www.davoud.com, info@davoud.com | **ÖPNV** Tram 13, 14, Haltestelle Willem de Zwijgerlaan | **Öffnungszeiten** Di–Fr 10.30–18.30 Uhr, Sa 10.30–17 Uhr, So 13–17 Uhr

31__De Ru

Eine Kapazität in Sachen Farbe und Tapete

Von einem bescheidenen Lädchen, in dem so manch Amsterdamer seine erste Dose Farbe gekauft hat, hat sich De Ru unter der tatkräftigen Führung von drei aufeinanderfolgenden Generationen zur internationalen Größe in Sachen Farbe, Tapete und Gardinenstoff entwickelt. Aus den anfänglich 100 Quadratmetern Grundfläche wurden 300, das Sortiment veränderte sich ebenso wie die Kundschaft. Unzählige Farbmuster verschiedener Marken, Ständer mit den schönsten Gardinenstoffen und Tapetenbücher, deren Zahl in die Hunderte geht, erwarten den Käufer.

Der Betrieb ist nach Großvater Gerrit de Ru benannt, der sich hier 1921 niederließ. Zwar entstammte er einer bekannten Malerfamilie, doch lieber wäre er Geiger geworden. Das jedoch sei kein Beruf, meinte sein Vater, und erwarb dieses Farbengeschäft für seinen Sohn. Gerrit war ein guter Farbenmischer, und der Name De Ru genoss zunehmend Bekanntheit.

Ende der 60er Jahre übertrug er die Führung seinem Sohn Herman, der die ersten Erweiterungen in Angriff nahm. Dessen Sohn Nils übernahm 2011 offiziell den Betrieb. »Eigentlich übernimmt man ihn schon bei der Geburt«, sagt er, »man wächst damit auf. Nach meiner Ausbildung wollte ich im grafischen Gewerbe anfangen, doch die Dynamik des Ladens übte dann doch einen größeren Reiz auf mich aus. Allerdings wollte ich freie Hand haben, um das Niveau des Geschäfts durch den Verkauf von Tapeten und Farben englischer Topmarken sowie den Import der schönsten Stoffe aus Frankreich anzuheben. Das ist gelungen. Dennoch ist es nach wie vor ein Laden, bei dem kein Kunde seine Schwellenangst überwinden muss. Zu uns kann man auch kommen, um eine Dose Farbe und einen Pinsel zu kaufen. Es kann aber durchaus passieren, dass jemand nur eine Büchse roten Lack braucht, sieht, was wir alles anbieten, und dann den Auftrag für die Anfertigung von zehn Faltrollos erteilt.«

Adresse Van Woustraat 143–145, 1074 AJ Amsterdam, Tel. 020/6626821, www.deruverfenbehang.nl, info@deruamsterdam.nl | **ÖPNV** Tram 4, Haltestelle Lutmastraat | **Öffnungszeiten** Di–Fr 9–18 Uhr, Sa 9–17 Uhr

32___ Van Dijk & Ko
Secondhand für ein hippes Zuhause

Amsterdam Nord wird von Tag zu Tag attraktiver für Baugesellschaften, Gewerbetreibende und Leute, die eine Wohnung suchen. Ab 2017 wird der abseits gelegene Stadtteil durch die Nord-Süd-U-Bahn endlich an das Verkehrsnetz angeschlossen sein. Man kann nur hoffen, dass sich weniger kapitalkräftige Betriebe inmitten dieser Bauwut behaupten können. So wie Van Dijk & Ko, wo das ganze hippe Volk von Amsterdam seine Stühle, Tische, Gartenbänke und Schränke kauft. In einer etwa 1000 Quadratmeter großen Halle hat Joost van Dijk sein kaum zu überblickendes Angebot von Waren aus zweiter Hand untergebracht.

Joost betreibt das Geschäft mit seiner Partnerin Ireen Kolenberg, von der das »Ko« im Namen stammt. Von ihrem Wohnsitz in Nordfrankreich aus fahren sie regelmäßig nach Amsterdam, der Lastwagen beladen mit unterwegs erworbenen Waren. »Doch das meiste stammt aus Ungarn«, erzählt Joost. »Die Sinti dort grasen das Land ab, wir kaufen ihnen die Sachen ab und lassen sie vor Ort aufarbeiten. Auch hier beschäftigen wir einen Schreiner, der Schränke repariert oder Tische nach Maß fertigt.« Joost kennt fast das gesamte Angebot. Wenn ein Kunde, der hier einmal einen Tisch gekauft hat, ein zweites Exemplar möchte, sagt er: »Den kann ich für dich machen lassen, allerdings nicht aus demselben Holz.«

Sein Handelsgeist erwachte, als er als Steuermann auf großer Fahrt drei Monate im Jahr daheim herumsaß und auch in dieser Zeit etwas unternehmen wollte. In Antwerpen ersteigerte er auf dem Vrijdagmarkt Hausrat, fuhr mit dem vollgepackten Auto nach Hause und bot seine Errungenschaften zum Kauf an. Dann besorgte er sich die nötigen Papiere und stellte sich mit Schränken, Tischen und Stühlen auf Flohmärkte. Später mietete er diverse Schuppen an, bis er 2008 mit seinem ständig wechselnden Sortiment in dieser riesigen Halle landete. Wo er hoffentlich noch lange bleiben wird.

Adresse Papaverweg 46, 1032 KJ Amsterdam, Tel. 020/6841524, www.vandijkenko.nl, loods@vandijkenko.nl | **ÖPNV** ab Hauptbahnhof Bus 34 und 35, Haltestelle Mosplein | **Öffnungszeiten** Di – Sa 10 – 18 Uhr, So 12 – 18 Uhr

33_Droog
Ein Designerlebnis der besonderen Art

Was 1993 als von Idealismus getragenes Geschäftsmodell des Designers Gijs Bakker und der Kunsthistorikerin Renny Ramakers begann, ist im Laufe der Jahre zu einem Designkonzept von internationalem Renommee herangewachsen. Im Mittelpunkt steht nach wie vor das Promoten von niederländischem Design. So sind dann auch führende Designer wie Marcel Wanders, Tejo Remy, Hella Jongerius und Arnout Visser gebührend vertreten im stilvoll präsentierten Angebot an Lampen, Stühlen, Tischen und Schränken. Doch Droog möchte nicht nur eine Plattform für etablierte Namen, sondern auch ein Sprungbrett für Newcomer sein. Von diesem Laden aus starteten junge Designer wie Joris Laarman und Chris Kabel ihre erfolgreiche Karriere.

Das angeschlossene Droog Studio erhält immer wieder außergewöhnliche Aufträge: So ließ das Rijksmuseum unter anderem zwei Sätze Kristallgläser, eine Tischdecke aus Gummi und einen Serviettenring in Form einer Halskrause aus dem 17. Jahrhundert entwerfen. Im Laden selbst findet man die unterschiedlichsten Dinge wie Gläser, Schreibwaren, Kleidung und praktische Gadgets – lauter Designobjekte mit besonderem Twist.

Unter der Führung von Renny Ramakers – Gijs Bakker ist inzwischen andernorts tätig – wurde das Konzept 2012 erweitert. Hinzu kamen ein Café, Konferenzräume und ein Hotelzimmer, genannt »The one and only bedroom«. Der ursprüngliche Plan, im Nachbargebäude ein Hotel zu eröffnen, konnte wegen Protesten der Anwohner nicht realisiert werden, weshalb man sich auf ein Zimmer für Gäste beschränkte. Eine Nacht in dem geräumigen Appartement in der obersten Etage des Gebäudes, eingerichtet mit Designermöbeln von Droog, kostet 275 Euro.

Unbedingt anschauen sollte man sich den zauberhaften Innenhof, der von zwei phantasiereichen französischen Gartenarchitekten gestaltet wurde. Droog ist eben viel mehr als ein Laden, es ist ein Erlebnis.

Adresse Staalstraat 7b, 1011 JJ Amsterdam, Tel. 020/5235059, www.droog.com, shop@droog.com | **ÖPNV** Metro 53, 54, Haltestelle Waterlooplein | **Öffnungs-zeiten** Di−So 11−18 Uhr

34_Duikelman

Alles für den Profi- und Hobbykoch

Jeder, der gerne kocht, kennt Duikelman, das legendäre Küchenparadies im Stadtviertel De Pijp. Doch niemand kennt Herrn Duikelman. Mit Ausnahme von Vater und Sohn Appelboom, Hans und David, die schon seit vielen Jahren mit Leidenschaft die Firma Duikelman führen. Es war Joop van Hal, Davids Großvater mütterlicherseits, der 1940 in der Ferdinand Bolstraat unter dem Namen Duikelman einen Großhandel für Fleischereibedarf gründete. »Er besaß eine kleine Fabrik, in der er neue Produkte entwickelte«, erzählt David Appelboom. »Eine seiner Erfindungen war ein spezieller Lichtschalter, der mit einer Art Purzelmechanismus funktionierte. Opa ist damit berühmt geworden und wurde seitdem der ›Duikelman‹ (›der Purzelmann‹) genannt.«

Als die Metzger aufhörten, selbst zu schlachten, hat sich Großvater van Hal auf Restaurants spezialisiert und es geschafft, aus Duikelman einen erfolgreichen Großhandel für Gastronomiebedarf zu machen. 1980 übernahmen seine Tochter und der Schwiegersohn das Geschäft. Weil Hans der Meinung war, dass nicht nur die Gastronomie ein Recht auf die beste Küchenausstattung habe, beschlossen sie, zunehmend Privatkunden zu gewinnen. Mit Erfolg, schließlich findet man in diesem Geschäft wirklich alles, was ein Koch, sei er Hobby- oder Profikoch, in der Küche braucht.

Schon bald benötigte man mehr Mitarbeiter, und zur Freude von Vater Hans bot ihm Sohn David vor 20 Jahren seinen Einstieg an. Er erweiterte Duikelman um eine Abteilung für Küchenherde im gegenüberliegenden Haus. Einige Jahre später kamen zwei großräumige Ladenlokale für Kochbücher und Geschirr hinzu. »Manchmal werde ich gefragt, warum wir noch immer an diesem verkehrsreichen Ort sind, wo man nur schwer einen Parkplatz findet«, sagt David. »Aber weshalb sollten wir weggehen? Der Wochenmarkt ist gleich um die Ecke, und hier gibt es die größte Dichte an gastronomischen Betrieben im ganzen Land.«

Adresse Ferdinand Bolstraat 66–68, 1072 LM Amsterdam, Tel. 020/6712230, www.duikelman.nl, info@duikelman.nl | **ÖPNV** Tram 16, 24, Haltestelle Albert Cuypstraat | **Öffnungszeiten** Mo–Fr 9.30–18 Uhr, Sa 9.30–17 Uhr

35 Der Emaillekeizer

Ein fröhliches Chaos mit Ordnung

Dieser Kaiser regiert mit Leidenschaft und Sachverstand über eines der fröhlichsten Geschäftsreiche der Stadt. Draußen vor dem Laden lockt er mit einem bunten Sammelsurium aus Stühlen, Körben und Emailschalen die Kunden an. Drinnen nutzt er jeden freien Platz, um sein stetig wachsendes Sortiment zu präsentieren: Teller, Kessel, Eimer, Abtropfsiebe, Thermometer, Schilder für Hausnummern und Namen und die berühmte Kaffeekanne des Künstlers Klaas Gubbels. »Es sieht chaotisch aus, hat aber seine Ordnung«, versichert Inhaber Mandy Elsas.

Seine kaiserliche Karriere begann 1993 auf dem Trödelmarkt Waterlooplein. Zunächst verkaufte er Blechspielzeug, dann folgten Emailwaren. Er begann Anthropologie zu studieren, doch da er eher der Machertyp ist, ging er auf Reisen. »Nachdem ich in Chinatown Emailware gesehen hatte«, erzählt Elsas, »wollte ich wissen, wo man sie kaufen konnte. Die ersten Gebrauchsgegenstände habe ich bei chinesischen Produzenten bestellt. Doch in China wird Email noch immer mit der früheren Armut in Verbindung gebracht, dort bevorzugt man nun rostfreien Stahl.« Für den hiesigen Markt verlor China als Lieferant an Bedeutung, an seine Stelle traten Länder wie Polen, Ungarn und Tschechien. Dort lässt Elsas auch eigene Entwürfe produzieren. Zu seinem Bedauern werden die Blumenmuster heutzutage kaum noch von Hand aufgebracht.

Da Afrika eine große Faszination auf ihn ausübt, hat er Kunsthandwerk insbesondere aus Ghana und dem Senegal in sein Sortiment aufgenommen. Ganze und halbe Kalebassen (Surinamer verwenden sie für rituelle Waschungen), Musikinstrumente, Perlen mit symbolischer Bedeutung, farbenfrohe Körbe jeglicher Größe, Holzskulpturen und Filmplakate. Die geflochtenen Sommerstühle stammen aus Ghana. »Angefertigt werden sie dort von Männern einfach auf der Straße«, berichtet Elsas. »Hinter allem steckt eine Geschichte.«

Adresse Eerste Sweelinckstraat 15, 1073 CL Amsterdam, Tel. 020/6641847, www.emaillekeizer.nl, info@emaillekeizer.nl | **ÖPNV** Tram 4, Haltestelle Ceintuurbaan | **Öffnungszeiten** Mo–Fr 10.30–18 Uhr, Sa 10–18 Uhr

36 The English Hatter
Every inch a gentleman

Ein schlauchartiger Raum mit glänzendem Parkettboden und Mahagonischränken, erfüllt vom Geruch alter Vornehmheit – es ist jene Art von Geschäft, wie man sie wahrscheinlich nur noch in Großbritannien findet. 1935 feierlich eröffnet als Laden für »Herrenhüte und Herrenmodeartikel«, mit der Betonung auf Hüten und Mützen, hat The English Hatter sein klassisches Image bewahrt, auch wenn das Angebot im Lauf der Jahre beträchtlich erweitert wurde.

Der Hauptakzent liegt nach wie vor auf Hüten – Borsalinos, Stetsons und die berühmten Bugatti-Kappen erfreuen sich großer Nachfrage. Daneben bietet The Hatter noch vieles mehr, zum Beispiel Pullover aus Lammwolle von William Lockie in den verschiedensten Farben. »Unverwüstlich«, versichert die hilfsbereite Verkäuferin. »Sie begleiten einen wirklich das ganze Leben.«

Das gilt auch für die Sakkos von Harris-Tweed in vielen Varianten. Der Kunde kann sogar eine dazu passende Tweedhülle für sein iPad bestellen.

Hier findet man noch die klassischen Oberhemden aus Oxford-Baumwolle mit Buttondown-Kragen von Hanson & Krane, stylishe Regenjacken von Norfolk, aber auch robuste Wachsjacken von Barbour. Ein echter Herr kauft hier seinen Pyjama von Derek Rose, nicht gerade preiswert, aber ebenfalls eine Anschaffung fürs Leben.

Nicht zu vergessen die bemerkenswerte Kollektion von Hosenträgern. Die günstigsten kosten 17,50 Euro, die teuersten, aus echtem Kalbsleder, 280 Euro. Auch der Liebhaber von Hosen mit Bundfalten und Aufschlag wird hier fündig. Zum modischen Zubehör zählen unter anderem elegante Taschentücher aus Schweizer Baumwolle, Manschettenknöpfe, Krawattennadeln, Burlington-Socken sowie Sockenhalter. Und Gamaschen, die auch gerne von Frauen gekauft werden, die sie über ihren hochhackigen Stiefeln tragen. Ach, und die wunderbaren klassischen Morgenröcke! Ein Laden voller Nostalgie.

Adresse Heiligeweg 40, 1012 XS Amsterdam, Tel. 020/6234781, www.english-hatter.nl, info@english-hatter.nl | **ÖPNV** Tram 1, 2, 5, Haltestelle Koningsplein | **Öffnungszeiten** Mo 12–17.30 Uhr, Di–Sa 9–17.30 Uhr, So 12–17 Uhr

37__Die Firma Moes

Ein gutes Messer ist eine Anschaffung fürs Leben

Fragt man einen Koch nach seinem wichtigsten Küchenutensil, wird er antworten: das Messer! Und das muss rasiermesserscharf sein und bleiben. Für Messer und dauerhafte Schärfe ist Moes seit gut 80 Jahren die ausgewiesene Adresse. So mancher ließ damals hier seine Scheren und die Kinderschlittschuhe schleifen oder kaufte sein erstes Taschenmesser. Moes war früher ein sehr gediegener, eher düster anmutender Laden. Bis Jaap de Jong und seine Partnerin Barbara Mol das Geschäft übernahmen, vollständig umbauten, das Licht hereinließen und auf eine zeitgemäße Kundenansprache setzten. Wer ein Messer erwerben möchte, kann zwischen allen großen japanischen und europäischen Marken wählen. Zum Testen der Schärfe steht immer eine Schüssel Tomaten bereit. »Manchmal verlässt ein Kunde das Geschäft auch ohne Messer«, erzählt Jaap de Jong. »Aber er hat alle Informationen, die er braucht. Ich lasse ihm gerne Zeit, um in Ruhe nachzudenken, denn ein gutes Messer ist eine Anschaffung fürs Leben.«

Bereits vor dem Krieg übernahm Barbaras Großvater, Lambert Moes, das Geschäft von einem Tabakhändler und begann mit Solinger Stahlwaren zu handeln. Im Keller war seine Werkstatt untergebracht. Anfang der 80er Jahre wurde sein Sohn der Nachfolger, der das Geschäft 2007 wiederum seiner Tochter Barbara und ihrem Partner übergab. Da Jaap de Jong Maschinenbau studiert hat, war ihm Metall nicht fremd, doch zuerst wollte er das Schleifen erlernen. »Es ist in der Tat ein Handwerk, das großes technisches Können und Routine erfordert«, meint er. Nun schleift er Messer, Scheren, Gartengeräte, Hobel, Meißel aller Art. Zu den Kunden gehören auch gastronomische Betriebe, für die Moes extra einen Hol- und Bring-Service anbietet. Das Lieblingsmesser von Jaap de Jong? Er zögert kurz. »Ein Santoku, 17 Zentimeter lang. Liegt gut in der Hand. Ich koche gerne, und gutes Kochen beginnt mit einem guten Messer.«

Adresse Eerste van der Helststraat 67, 1073 AD Amsterdam, Tel. 020/6626347, www.firmamoes.nl, info@firmamoes.nl | **ÖPNV** Tram 16, 24, Haltestelle Albert Cuypstraat | **Öffnungszeiten** Di–Fr 10–17.30 Uhr, Sa 10–17 Uhr

38 Der Flowershop Ivy

Weiße Nelken für den Prinzen

Man schaue sich nur dieses Schaufenster an! Mit mannshohen exotischen Pflanzen, filigranen Orchideen, außergewöhnlichen Glasobjekten und Vasen gelingt es Blumenkünstler Jan Dippell stets aufs Neue, die Passanten zum Staunen zu bringen. Im Laden empfängt den Besucher die warme Atmosphäre eines tropischen Gartens und ein riesiges Arrangement der schönsten Schnittblumen. Der Flowershop Ivy ist nicht irgendein Blumengeschäft, in dem man mal eben einen Strauß Tulpen kauft. Jan Dippell liefert Gestecke und Tafelschmuck für namhafte Kunden wie Cartier in Paris, das Hilton Hotel, das Waldorf Astoria und, sein großer Stolz, das Grand Hyatt in Jakarta. Auch Gäste des Königshauses konnten sich schon an einem von Ivy arrangierten blumenreichen Festschmuck erfreuen. Und Prinzgemahl Bernhard orderte stets seine unverzichtbare weiße Nelke bei Ivy.

Seinen Namen verdankt der Laden nicht, wie man vielleicht denken könnte, dem englischen Wort für Efeu, sondern »Lady Ivy«, einer adeligen Dame aus London, die jeden Donnerstag einen Salon veranstaltete und Oscar Wilde zu ihren Gästen zählte. Der Raum wurde von einem Blumenhändler geschmückt, für den zwei junge Männer arbeiteten, die dank ihrer finanziellen Unterstützung 1898 in der Amsterdamer Utrechtsestraat einen eigenen Blumenladen eröffnen konnten. Nachdem Ivy 1901 an den Leidseplein umgezogen war, wuchs die Zahl der Aufträge stetig. Seit 1972 ist Jan Dippell der unangefochtene Herr und Meister dieses berühmten Geschäftshauses. »Mein treuester Kunde ist Prinz Bernhard gewesen«, erzählt er. »Als damals bekannt wurde, dass er im Sterben liegt, habe ich ihm 100 weiße Nelken geschickt. Nun ja, nicht genau 100, denn beim Binden des Buketts waren ein paar kaputtgegangen. Daraufhin erhielt ich einen Brief mit seinem Dank und der Mitteilung, dass er sie gezählt habe und es genau 93 gewesen seien. So alt ist er geworden.«

Adresse Leidseplein 35, 1017 PS Amsterdam, Tel. 020/6265844, www.ivy.nl, flowershop@ivy.nl | **ÖPNV** Tram 1, 2, 5, 7, 10, Haltestelle Leidseplein | **Öffnungs-zeiten** Di – Fr 9 – 18 Uhr, Sa 9 – 17 Uhr

39___Foto Den Boer
Alte Technik im digitalen Zeitalter

Es gibt Fotografen, die trotz der rasanten Entwicklungen auf digitalem Gebiet die analoge Technik bevorzugen oder aber zu ihr zurückkehren. Doch wo bekommt man noch eine Filmdose von Kodak, Ilford oder Fuji? Entwickler? Fixiersalz? Ganz zu schweigen von alten Kameras wie Hasselblad, Leica und Rolleicord. Foto Den Boer bietet all dies an, denn der heutige Besitzer René Verburgt hat erkannt, dass es noch immer eine Nachfrage nach dem Material aus der Zeit vor der digitalen Revolution gibt.

Es war der Fotograf Wiet den Boer, der das Geschäft 1950 gründete. Außer einem kleinen Angebot an Fotozubehör gab es ein Studio, in dem sich Brautpaare ablichten lassen konnten. Doch das Studio verlor mit dem Aufkommen der Kleinbildkamera an Bedeutung, woraufhin das Ladenlokal vergrößert wurde. Den Boers Nachfolger waren seine Tochter und der Schwiegersohn, die das Geschäft 1999 dem Fotografen René Verburgt übergaben.

Hier ist Schwarz die vorherrschende Farbe, kein Wunder angesichts der Kameras – digitalen und analogen –, Stative, Kamerataschen und anderen dunklen Sachen, die zur Standardausrüstung des Fotografen gehören. Bunt geht es nur in den Regalen mit den Filmdosen in ihren orangefarbenen, grünen und weißen Schachteln zu. »Als ich den Laden übernahm, begann sich das Fotozubehör bereits zu reduzieren«, erzählt Verburgt. »Die Digitalkamera gewann an Terrain, und das Internet begann eine zunehmend größere Rolle zu spielen. Andererseits wuchs das Interesse an der analogen Fotografie. Vielleicht aus nostalgischen Gründen oder weil die Qualität echter Barytabzüge eben kaum erreichbar ist. Deshalb habe ich mich entschieden, das Angebot auszubauen. Zu uns kommen Kunden aus dem ganzen Land. Wer noch eine Dunkelkammer hat oder einrichten möchte, bekommt hier alles, was er braucht. Das gesamte Zubehör wird noch produziert, nur die Beschaffung ist schwieriger geworden.«

Adresse Tweede Hugo de Grootstraat 10, 1052 LC Amsterdam, Tel. 020/6844554, www.fotodenboer.nl, info@fotodenboer.nl | **ÖPNV** Tram 3, Haltestelle Hugo de Grootplein; Tram 13, 14, 17, Haltestelle Marnixstraat | **Öffnungszeiten** Mo 13–18 Uhr, Di–Fr 9–18 Uhr, Sa 9–17 Uhr

40__Frank's Smoke House

Mit Franks Delikatessen ist das Leben ein Fest

Nähert man sich Frank's Smoke House, steigt einem schon von Weitem der herrliche Geruch geräucherter Köstlichkeiten in die Nase. Hier wird bereits seit 2000 geräuchert, dass es eine wahre Freude ist: Fisch aus nachhaltigem Fang, Huhn ohne Wachstumsbeschleuniger, Speck von gesunden Freilandschweinen – das alles wird fachmännisch auf Hickory-Holz geräuchert. An der Bar im Laden der Räucherei sitzt ein französisches Paar und genießt Lachs, Muscheln, Heilbutt und Lachsartletts mit Mango-Chutney. Sie preisen die exquisite Qualität, und als die Dame lauthals Brels »Dans le port d'Amsterdam« anstimmt, gibt es keinen Zweifel mehr: Mit Franks Delikatessen ist das Leben ein Fest. Wenn auch ein kostspieliges Fest, denn das Räuchern solcher Spitzenprodukte ist ein teurer und zeitaufwendiger Prozess.

Inhaber der Räucherei ist der Amerikaner Frank Heyn, geboren in Baltimore und studierter Ingenieur. »Doch ich hatte schon immer ein Faible für Essen«, sagt er als Erklärung, weshalb er nach Paris gegangen ist, um in der berühmten Kochschule »Cordon Bleu« eine Ausbildung zu absolvieren. Als Koch arbeitete er für die amerikanische Botschaft und ging dann als Privatkoch eines Diplomaten nach Amsterdam.

In Paris hatte er gelernt, wie man Lachs und andere edle Produkte räuchert. Darauf besann er sich in Amsterdam. »Zuerst in einem Räuchertopf, den ich aus dem Fenster gehängt habe, dann in einem kleinen Ofen hinter dem Haus. Für Freunde habe ich gerne Forellen geräuchert. Daraus wurde ein ernsthaftes Hobby, und so beschloss ich, die Räucherei zu meinem Beruf zu machen.« Inzwischen arbeiten in seinem Smoke House zehn Vollzeitkräfte, er beliefert zahlreiche Restaurants und Feinkostgeschäfte mit Räucherwaren, exportiert Hunderte von Kilos ins Ausland und leitet den europäischen Vertrieb für Wildlachs aus Alaska. Man könnte es ein aus dem Ruder gelaufenes Hobby nennen.

Adresse Wittenburgergracht 303, 1018 ZL Amsterdam, Tel. 020/6700774, www.smokehouse.nl, info@smokehouse.nl | **ÖPNV** ab Hauptbahnhof Bus 22, Haltestelle Wittenburgergracht | **Öffnungszeiten** Mo 9–16 Uhr, Di–Fr 9–18 Uhr, Sa 9–17 Uhr

41__Die Galleria d'Arte Rinascimento

Hollands Stolz – alte und neue Delfter Fayencen

In einem jahrhundertealten Haus an der Prinsengracht, gegenüber der Westerkerk, präsentiert der in Italien geborene Marco Paolini seine beeindruckende Sammlung alter und neuer Delfter Fayencen. Wandteller, Schalen, Tassen, Kacheln, Tulpenvasen, Salz- und Pfefferstreuer, Saucieren, Teetassen, Kerzenständer, Amsterdamer Grachtenhäuschen, Christbaumkugeln, ein jedes Objekt von Hand bemalt in dem wunderbaren Delfter Blau. Hinten im Geschäft stehen ein paar unausgepackte Kartons, und man fragt sich, wie es Paolo schaffen kann, selbst für ein winziges Tellerchen noch einen Platz zu finden. »Man schiebt herum, arrangiert die Dinge neu«, relativiert er das Problem.

Paolo hat vor 43 Jahren begonnen, in bescheidenem Umfang mit Geschirr zu handeln. Bis er in den Niederlanden die Delfter Keramiken und wunderschönen Produkte der 1653 gegründeten Manufaktur »Porceleyne Fles« entdeckte. Vor allem die berühmten Tulpenvasen erfreuten sich bei Liebhabern großer Beliebtheit. Zu ihnen zählte auch Prinz Claus. Paolo kann sich noch gut erinnern. »Der Prinz bestellte eine blaue Tulpenvase mit Spezialglasur, mit den Buchstaben B und C auf dem Fuß. Inzwischen hat das königliche Haus leider nicht mehr derartige Wünsche.«

Sehr beliebt sind auch die Christbaumkugeln. »Früher gab es sie nicht«, erzählt Paolo. »Vor gut 30 Jahren habe ich mir überlegt, dass sie das Sortiment bereichern könnten. So bat ich den Modelleur um einige Entwürfe, und er lieferte hübsch bemalte Kugeln in unterschiedlichen Größen. Die Nachfrage war enorm, im ersten Jahr habe ich gut 1000 Stück verkauft. Vor allem an Amerikaner, die sind verrückt nach den Kugeln.« Paolo wohnt über dem Geschäft, auch seine privaten Zimmer zieren von oben bis unten die blauen Keramiken. Delfter Fayencen, deren Geburtsstunde im Goldenen Zeitalter der Niederlande liegt, zeugen noch immer von Hollands Stolz!

Adresse Prinsengracht 170, 1016 HA Amsterdam, Tel. 020/6227509, www.delft-art-gallery.com, info@delft-art-gallery.com | **ÖPNV** Tram 13, 17, Haltestelle Westermarkt | **Öffnungszeiten** täglich 9–18 Uhr

42 Der Geiten Wollen Winkel

Fair, ökologisch und nachhaltig

Denkt man an »Socken aus Ziegenwolle«, erscheinen sie förmlich vorm geistigen Auge: verschrobene Naturforscher, die an einem nebeligen Morgen in aller Herrgottsfrühe mit ihrer Botanisiertrommel durch die Dünen wandern, um vom Aussterben bedrohte Käfer aufzuspüren. Die Füße warm in Socken aus Ziegenwolle und festen Schuhen, eine Thermoskanne mit lauwarmem Tee und ein Vollkornriegel in der Schultertasche. Ganz klar, Ziegenwolle verkörperte das Gegenteil von trendy.

Die Zwillingsschwestern Lavinia und Abigail Bakker fanden, es sei an der Zeit für eine Aufwertung des Begriffs Ziegenwollsocken. Gleichwohl sollte die damit verbundene positive Botschaft erhalten bleiben: fair produziert, ökologisch und nachhaltig. So eröffneten sie 2013 in der Utrechtsestraat ihren Geiten Wollen Winkel. Auch wenn er in einer ehemaligen Metzgerei untergebracht ist, sind tierische Produkte tabu. Die Schwestern achten streng darauf, was in ihrem Laden verkauft werden darf: ausschließlich ökologische, vegane und unter fairen Bedingungen hergestellte Produkte. Das heißt Kleidung aus biologischer Baumwolle mit GOTS-Zertifikat, was bedeutet, dass alles nachhaltig, ohne Einsatz schädlicher Chemikalien, zu fairen Löhnen, unter menschenwürdigen Bedingungen und nicht von Kindern produziert wurde. Viele der Artikel tragen das »Fair Wear«-Logo, eine Garantie, dass die Kleidung all diesen Standards entspricht.

Neben ihrem eigenen erfolgreichen Label »Geitenwollenshirts« sind in dem Geschäft Marken wie Hurraw, TWO-O, People Tree, Armed Angels und Oat Shoes vertreten. Außer Kleidung gibt es unter anderem Taschen aus ehemaligen Förderbändern und bildschöne Decken aus recyceltem Denim. Im ganzen Laden findet sich allerdings nicht eine einzige Socke aus Ziegenwolle. »Die würden wir nur führen, wenn wir mit Sicherheit wüssten, dass die Ziegen ein gutes Leben hatten«, sagen die Schwestern.

Adresse Utrechtsestraat 37, 1017 VH Amsterdam, Tel. 020/3620784, www.geitenwollenwinkel.nl, info@geitenwollenwinkel.nl | **ÖPNV** Tram 4, Haltestelle Keizersgracht | **Öffnungszeiten** Mo 13–18 Uhr, Di–Sa 11–18 Uhr, So 12–17 Uhr

43__Ger Bikes
Maßanfertigungen für rasende Radler

In seinem Werkstattladen an der Brink in Betondorp baut Ger Hermans Rennräder nach Maß. Kenner halten ihn für einen der besten Spezialisten Amsterdams. Schließlich fährt er selbst seit seinem 15. Lebensjahr Rennrad. Ger war sechs, als er vom Jordaan in das damalige Neubauviertel Amsterdam Nieuw-West zog. »Damals liefen dort noch Kühe und Pferde herum«, erinnert er sich. Ein idealer Ort, um Sport zu treiben. Da sich Gers Talent als Fußballer in Grenzen hielt, verlegte er sich auf den Radsport. »Ein Onkel von mir war in seiner Jugend ein guter Rennfahrer gewesen. Das fand ich klasse, das wollte ich auch. Ich wurde geradezu besessen und organisierte Etappenrennen durch das Viertel. Zwar auf normalen Fahrrädern, aber mit Rückennummern.«

Im Alter von 15 Jahren begann er ernsthaft mit dem Radsport. Bei Olympia, dem ältesten Verein Europas, tat er sich als guter Zeitfahrer hervor. Nun wollte er endlich ein eigenes Rennrad haben. »Mit Hilfe meiner Eltern und dank eines Jobs als Zeitungsausträger habe ich mir für 350 Gulden bei RIH-Sport in der Westerstraat eins gekauft«, erzählt er. »Es bestand aus einem Rahmen und alten Zusatzteilen. Da ich 16 war und nicht mehr viel wachsen würde, war es nach Maß gefertigt.«

Nach dem Wehrdienst arbeitete er bei RIH-Sport als Fahrradmechaniker. »Da ich immer schon an meinen eigenen Rädern herumgebastelt hatte, wusste ich, wie es geht. Doch nach 18 Jahren wollte ich mich selbstständig machen. 1994 habe ich diese Werkstatt gefunden und angefangen zu bauen. Jedes Fahrrad, das diesen Ort verlässt, ist ein Unikat, vom ersten Rohr bis zum letzten Lenkerband. Ich horche die Leute aus: Wer bist du, was willst du, wie hoch ist dein Budget? Und dann baue ich für sie ein Rad nach Maß. Wie ausgefallen und teuer es auch immer sein mag.« Und wann schwingt er sich selbst auf den Sattel? »Wenn ich freihabe, aber das ist nur selten der Fall.«

Adresse Brink 26, 1097 TW Amsterdam (Betondorp/Watergraafsmeer), Tel. 020/6939296, www.gerbikes.nl, info@gerbikes.nl | **ÖPNV** Tram 9, Haltestelle Brinkstraat | **Öffnungszeiten** Di–Fr 9–18 Uhr, Sa 9–17 Uhr

44_ Der Haarlemmer Buddha

Ein farbenfroher Shop für Freunde eines guten Joints

Im Jahr 2012 wurde die Haarlemmerstraat mit dem daran anschließenden Haarlemmerdijk zur schönsten Einkaufsstraße des Landes erklärt. Dem voraus ging eine lange Periode, in der Häuser abgerissen und wiederaufgebaut wurden. Von der dubiosen Vergangenheit der Straße ist kaum noch etwas zu spüren. Außer vielleicht der intensive Geruch von Haschisch, der aus den nach wie vor geduldeten Coffeeshops dringt. »Die waren schon vorher da, und sie sind legal, also dürfen sie bleiben«, lautet der Kommentar der Anwohner. Das hier shoppende Publikum ist überwiegend jüngeren Alters, es herrscht eine fröhliche Atmosphäre. Um die ebenso fröhlichen Konsumenten mit dem nötigen Zubehör zu versorgen, damit sie Haschisch, Weed, Cannabis, Pot und Marihuana genießen können, öffnete 2012 der Haarlemmer Buddha seine Türen.

Dieser kunterbunte Headshop bietet nicht nur alles an, was man zum Rauchen eines guten Joints benötigt. Mit seinem breit gefächerten Sortiment, zu dem auch Souvenirs gehören, ist er Ausdruck der toleranten niederländischen Drogenpolitik. Hier bekommt man unterschiedlichste Pfeifen, von klein bis riesig (um den Joint in gemütlicher Runde rundgehen zu lassen), »Grinder« (zum Zermahlen), Zigarettenpapier, auch in unterschiedlichen Geschmacksrichtungen, Wasserpfeifen aus Glas sowie klassische orientalische Modelle, Feuerzeuge, Aschenbecher und eigens angefertigte Holzdosen für den häuslichen Vorrat.

Des Weiteren gibt es T-Shirts mit Aufdruck (»Stick together«), Dosen zur Aufbewahrung eines fertig gedrehten Joints und fluoreszierende Poster. Und ein großes Angebot an »Royal Queen Seeds«, Hanfsamen für die Kunden, die Pflanzen anbauen möchten. Garantiert »feminized«, was bedeutet, dass sie blühen und damit Ertrag liefern werden. Wer nicht selbst säen möchte, sucht für seinen bewusstseinserweiternden Rauchgenuss einfach einen der nahe gelegenen Coffeeshops auf.

Adresse Haarlemmerstraat 49–51, 1013 EK Amsterdam, Tel. 020/4750474 | ÖPNV
ab Hauptbahnhof 7 Minuten Fußweg | Öffnungszeiten täglich 10–22 Uhr

45_P. G. C. Hajenius

Königlicher Rauchgenuss par excellence

Wenn das Geschäft von Hajenius schon für den Nichtraucher ein Erlebnis ist, was wird dann erst der passionierte Raucher beim Anblick der kunstvoll arrangierten Rauchwaren im stilechten Art-déco-Interieur empfinden? Obwohl das Geschäft schon seit Langem in andere Hände übergegangen ist, prangt der Name des Gründers noch immer auf der Fassade: P. G. C. Hajenius. Die Initialen stehen für Pantaleon Gerhard Coenraad. 1826 gründete Pantaleon – der seltene Vorname stammt von seinem Großvater – in der Warmoesstraat einen Zigarren- und Tabakladen. Die Geschäfte liefen gut, sodass er 1915 in das heutige Gebäude zog, das von den Gebrüdern Dolf und Jo van Gendt entworfen wurde und unter Denkmalschutz steht.

Seit 1851 darf sich Hajenius Hoflieferant nennen. Mit den prachtvoll gestalteten Decken, jahrhundertealten Kronleuchtern, Wandverkleidungen aus Marmor und zartrosa Tapeten ist der Laden mit dem exquisiten Angebot an Rauchwaren auch von nahezu royaler Anmutung. Zigaretten bekommt man hier nicht, so hat es Manager Ernst Wilmering entschieden. »Wir konzentrieren uns auf Pfeifen und Zigarren«, erklärt er. »Wir führen landesweit das größte Sortiment an Pfeifen und Pfeifentabak sowie das komplette Zubehör. Zu unseren Kunden gehörte der Schriftsteller Harry Mulisch ebenso wie Prinz Bernhard. Manchmal haben sie sich hier verabredet und gemeinsam eine Pfeife in unserer Smoking Lounge geraucht.« Andere bekannte und weniger bekannte Raucher ordern bei Hajenius eine Zigarre aus ihrer eigenen Schachtel, die in einem speziellen Schließfach aufbewahrt wird. »Jeder hat seine Vorlieben«, erklärt Wilmering. »Amerikaner kaufen bei uns kubanische Zigarren, da sie lange Zeit wegen des Handelsembargos in ihrem eigenen Land nicht erhältlich waren. Die teuerste Zigarre? Eine Cohiba Behike, der Stückpreis beträgt 45 Euro.« Dafür bekommt man aber auch einen Rauchgenuss par excellence!

Adresse Rokin 96, 1012 KZ Amsterdam, Tel. 020/6237494, www.hajenius.com, info@hajenius.com | **ÖPNV** Tram 4, 9, 14, 16, 24, Haltestelle Spui | **Öffnungszeiten** Mo 12–18 Uhr, Di–Sa 9.30–18 Uhr, So 12–17 Uhr

46 Hampe & Berkel

Der Traum eines Geigenbauers

Gibt es in dieser Stadt einen Musiker, der hier noch nie ein Instrument gekauft hat? Schließlich weiß doch jeder Amsterdamer: Möchte man eine Blockflöte, Klarinette, Posaune, Gitarre, Geige oder ein Banjo, Cello oder einen Kontrabass haben, geht man zu Hampe. Im landesweit ältesten noch bestehenden Geschäft für Musikinstrumente bekommt man auch Lehr-DVDs, Anleitungsbücher, Notenblätter und exotische Saiteninstrumente wie Bouzoukis, Mandolen und Violen. Letztlich beruht jedoch die internationale Bekanntheit von Hampe & Berkel auf dem vielfältigen Angebot akustischer Gitarren.

Das schmale, am Spui gelegene Treppengiebelhaus aus dem 17. Jahrhundert blickt auf eine bewegte Geschichte zurück. 1842 begann hier der deutsche Kontrabassist und Geigenbauer Wilhelm Hampe seinen Handel vor allem mit Streichinstrumenten, wenn auch eine seiner Großtaten die Einführung des Saxofons in den Niederlanden war. Mit seiner Frau Marie und den drei Töchtern wohnte Wilhelm über dem Laden, in dem heute die Kontrabässe wie vornehme, füllige Damen aufgereiht stehen. Nach dem Tod seiner Frau heiratete er Marie Antoinette Holst, mit der er 1866 einen Sohn bekam. Ernst Hampe sollte sein Nachfolger werden. In den mehr als 50 Jahren, die Ernst dem Musikalienhandel verbunden blieb, erweiterte er das Angebot um Blas- und Schlaginstrumente. 1898 wurde er zum Hoflieferanten ernannt, nachdem er König Wilhelm III. ein Violoncello hatte verkaufen dürfen.

Bis 1992 waren vier Hampe-Generationen Inhaber des Geschäfts. Dann übernahm ein langjähriger Mitarbeiter, der Gitarrist Tom van Berkel, das Ruder, mit Unterstützung des Musikers Siard de Jong. Da sie selbst Instrumente spielen, setzen sie sich mit Leidenschaft für das Musizieren ein. Schließlich ist es wissenschaftlich erwiesen, dass durch Musikmachen nicht nur körperliche Beschwerden, sondern auch psychische Probleme gelindert werden können.

Adresse Spui 11, 1012 WX Amsterdam, Tel. 020/6242323, www.berkelmuziek.nl, info@berkelmuziek.nl | **ÖPNV** Tram 1, 2, 5, Haltestelle Spui | **Öffnungszeiten** Mo 12–18 Uhr, Di–Fr 10–18 Uhr, Sa 10–17 Uhr

47 Het Hanze Huis

Traditionsreiche Produkte für Feinschmecker und
Nostalgiker

In dem proppenvollen Laden riecht es nach Lakritze, Tee, Seife und Gewürzen, scheinbar unvereinbare Gerüche zu einem harmonischen Ganzen vereint. Und dabei sprechen wir nur von den Wahrnehmungen der Nase. Aber dann erst die des Auges! Wohin man auch schaut, erblickt man farbige Dosen und Büchsen, Schachteln und Kisten, geheimnisvolle Glastöpfe und Flaschen sowie hübsche Teepackungen aus fernen Ländern. Gründer des Hanze Huis ist der aus Groningen stammende Kaffeehändler Remmelt Smid, dem als Vorbild für sein Geschäft der mittelalterliche Handelsverbund einiger europäischer Hansestädte diente. Sein Konzept besteht darin, Produkte europäischer Familienbetriebe zu verkaufen, die über 100 Jahre alt sind.

Nicht alle Betriebe haben ihren Sitz in den ursprünglichen Hansestädten, doch ihnen gemein ist, dass ihre Erzeugnisse authentisch und historisch interessant sind. So erhält der Kunde zu jedem Produkt Informationen über seine Geschichte und Herkunft. Zu den angebotenen Waren gehören das berühmte Lübecker Marzipan, finnische Geschirrtücher aus Leinen, Seife aus Heidelberg, Sirup der französischen Firma Guiot, portugiesischer Fisch in Dosen und, einer der wichtigsten Artikel, der berühmte Kusm-Tee, dessen Geheimrezept seit 1867 von der Familie Kousmichoff gehütet wird. Während der Russischen Revolution 1917 flüchtete die Familie nach Frankreich, nahm in Paris die Geschäfte wieder auf und erntete weltweit Ruhm mit ihren alten russischen Mischungen.

Auch einige niederländische Produkte haben das strenge Auswahlverfahren bestanden: die Anemonenknollen des Blumenzwiebelzüchters Thoolen aus Heemstede, verpackt in bemalten Fabergé-Eiern, echte Sirupwaffeln aus Gouda nach 140 Jahre altem Rezept, Salzbutter in der Dose von Wijsman & Zonen und das altmodische herbe Apfelkraut in den allseits bekannten gelben Dosen. Eine Welt voller Nostalgie.

Adresse Staalstraat 20, 1011 JM Amsterdam, Tel. 020/3303632, www.hethanzehuis.nl, info@hethanzehuis.nl | **ÖPNV** Metro 53, 54, Haltestelle Waterlooplein | **Öffnungszeiten** Mo 12–18.30 Uhr, Di–Sa 10.30–18.30 Uhr, So 11–18 Uhr

48 Hartog's Volkoren

Brot und Frieden für die Menschen

»Was kann sich ein sterblicher Mensch mehr wünschen als Korn auf dem Feld, Brot und Frieden für alle Menschen«, so lautet übersetzt einer der Sprüche auf der Fassade von Hartog's Volkoren Bakkerij & Maalderij. Bereits seit mehr als einem Jahrhundert backt Hartog Brot aus niederländischem Vollkornmehl, gemahlen in der eigenen Mühle, und wenn man die Bäcker von Hartog fragt, bringt ihr Brot den Menschen nicht nur Frieden, sondern fördert auch die Gesundheit. Für dieses Vollkornbrot in zahlreichen Sorten steht so mancher Kunde geduldig in der langen Warteschlange. Jeden Mittwoch werden per Lastwagen 140 Säcke à 50 Kilo Getreide angeliefert, eine Menge, die für etwa 7.000 Brote reicht. In der Backstube arbeiten zehn Bäcker im Schichtdienst, sie beginnen um halb eins in der Nacht, damit bereits früh am Morgen die ersten Kunden mit frischem Brot beglückt werden können.

Fred Tiggelman ist der siebte Inhaber und der erste, der nicht aus der Familie stammt, doch sein Herz schlägt nicht minder stark für Hartog. Schon als Kind wollte er Bäcker werden. Nach dem Besuch der berühmten Amsterdamer Sint-Hubertus-Fachschule schwankte er kurz zwischen Gastronomie, »wo die netten Mädchen waren«, und dem Bäckerhandwerk. »Doch ich stamme aus einer armen Familie und wollte finanzielle Sicherheit. Brot ist ein Produkt, das die Leute immer brauchen.« Nachdem er in verschiedenen Bäckereien Erfahrungen gesammelt hatte, begann er 1993 im Alter von 23 Jahren als leitender Mitarbeiter bei Hartog. »Ich war ein Weißbrotesser, aber das änderte sich hier in kurzer Zeit. Unser Brot ist so gut, weil wir selbst bestimmen, welches Getreide wir verwenden, wie wir mahlen, wie schnell wir kneten – den gesamten Prozess haben wir in der Hand. Sehr beliebt ist auch unser Vollkornkrapfen, und gerade arbeite ich an einem neuen Produkt, dem Berliner aus Vollkornmehl.« Hoffentlich dauert es nicht so lange!

Adresse Wibautstraat 77, 1091 GK Amsterdam, Tel. 020/6651295, www.volkorenbrood.nl, info@volkorenbrood.nl | **ÖPNV** Tram 3, Haltestelle Wibautstraat | **Öffnungszeiten** Mo–Fr 7–18 Uhr, Sa 6.30–16.30 Uhr

49_ Hazewindus

Vier Generationen im Lampenlicht

Vor einigen Jahren hing das Fortbestehen des legendären Lampen-geschäfts gegenüber dem Rijksmuseum am seidenen Faden: Inha-ber Roel Hazewindus fand es an der Zeit, in den Ruhestand zu ge-hen. Da beschloss zum Glück Sohn Daniel, die Geschäftsführung seiner Tauchschule in Ägypten einem Manager zu übertragen und Partner seines Vaters zu werden. »Dies ist im wahrsten Sinne des Wortes ein Lichtblick in der Stadt, der darf nicht verschwinden«, er-klärt er seine Entscheidung. Daniel leitet nun in vierter Generation den Familienbetrieb Hazewindus, und da sich sein elfjähriger Sohn Jeshaja zum zukünftigen Nachfolger ernannt hat, scheint ein langes Fortbestehen gesichert.

Gegründet wurde Hazewindus Lampen 1939 von Roelof Ha-zewindus und seinem Sohn Evert, die beide Lampenbauer waren. »Großvater Roelof starb 1942«, erzählt Roel. »Mein Vater hat das Geschäft noch bis 1943 weitergeführt, dann gab es nicht mehr viel zu erleuchten. Nach dem Krieg begann er von Neuem, machte Lampen aus Holz, die Schirme bezogen mit Stoff und Leder, und reiste damit durchs ganze Land. Später eröffnete er einen Laden in Amsterdam West, wo ich angefangen habe, nachdem ich ein paar Jahre zur See gefahren war. Und vor 35 Jahren habe ich an diesem schönen Ort mein eigenes Geschäft eröffnet.«

Seit nun drei Jahren arbeiten Vater und Sohn zusammen. Der La-den ist inzwischen komplett umgebaut, die Beziehungen zu deutschen und italienischen Topmarken wurden gefestigt. »Die Bedeutung von Licht hat sich verändert«, meint Roel. »Früher ging es um eine schöne Lampe, heute um die Art und Menge von Licht. Auch um Licht als Stimmungsmacher. Gutes Licht fördert die Konzentration und hat Einfluss auf die Stimmung.« Er verweist auf die LED-Lampe, die zu-nehmend Verbreitung findet, ein Leuchtkörper mit langer Haltbar-keit und sehr niedrigem Energieverbrauch. Und mit wunderschönem Design. Sie ist der ganze Stolz von Vater und Sohn.

Adresse Weteringschans 111, 1017 SB Amsterdam, Tel. 020/6228911, www.hazewindus.nl, info@hazewindus.nl | **ÖPNV** Tram 7, 10, Haltestelle Spiegelgracht | **Öffnungszeiten** Di–Fr 10–17.30 Uhr, Sa 10–17 Uhr

50_ The Herd – Cow Parade

Eine riesige Herde bunter Kühe

In diesem Laden trifft man auf lachende Kunden. Denn die bunt bemalten Kühe, in allen Größen von fast lebensgroß bis Miniaturformat, sind nicht nur schön anzuschauen, sondern auch witzig. Was es nicht alles gibt: die Kuh als Milchbauer, als Kunstwerk von Picasso, Mondrian oder Klimt, shoppende Dame mit Hut und Sonnenbrille, als knallrote Handtasche, Zebra oder Akkordeon, als Träger einer Schar Pinguine, gemütlicher Skifahrer, im sexy Badeanzug mit Handy am Ohr, mit gebrochenem Bein auf Krücken, als rosa Pudel, Freiheitsstatue oder Balletttänzerin, als Lokomotive, Paparazzo, Moulin Rouge oder Chili con Carne, als Super-Cow, Pin-up-Cow oder Chef-Cow! Sie alle stehen in dem fröhlichen Laden, wo Wisam, der aus Syrien stammt, über seine Herde wacht.

Wisam kann stundenlang über die phantasievollen Kreationen seiner »Cow Parade« reden. Die »Cow Parade« ist ein Kunstprojekt, das schon seit vielen Jahren existiert. Die Idee: Lebensgroße Kuh-Skulpturen aus Kunststoff werden in verschiedenen Weltstädten von dort lebenden Künstlern bemalt und an mehreren Orten ausgestellt. Nach ein paar Monaten werden sie versteigert, wobei der Erlös für wohltätige Zwecke verwendet wird.

Das Konzept dieses größten öffentlichen Kunstevents der Welt wurde 1998 in Zürich entwickelt. Nach Auftritten in zahlreichen Ländern hat die »Cow Parade« mehrere Millionen eingebracht. Die Nachbildungen sind aus Polyresin (Kunststein) oder Ton angefertigt und in den Größen Small, Medium, Large und Extra Large erhältlich.

Jedes halbe Jahr wählt ein Team der »Cow Parade«, das seinen Sitz in West Hartford, Connecticut, hat, einige Entwürfe aus, um sie an Orten in der ganzen Welt zu präsentieren. Danach werden sie von den älteren Kuh-Damen liebevoll in die Herde aufgenommen, um uns zum Staunen und Lachen zu bringen.

Adresse Moonlight Gifts, Leliegracht 4, 1015 DE Amsterdam, Tel. 020/7722013 |
ÖPNV Tram 13, 14, 17, Haltestelle Westermarkt | **Öffnungszeiten** täglich 12–22 Uhr

51__De Hoed van Tijn

Hut ab vor schönen Hüten

Unsere Großeltern trugen Hüte, vielleicht auch noch unsere Eltern, als sie jung waren. Ich erinnere mich an meinen Großvater, der nie ohne Hut das Haus verließ und auf der Straße vor jeder vorbeigehenden Dame galant seinen Hut lüftete. Eine schöne Geste, die längst der Vergangenheit angehört. Denn Hüte sind aus der Mode gekommen, heutzutage werden sportliche Kappen und bei kaltem Wetter Wollmützen getragen. Zum Glück gibt es bei uns noch den Prinsjesdag, an dem eine festliche Parade von Hüten aufzieht. Einige dieser spektakulären Kopfbedeckungen sind gewiss bei De Hoed van Tijn erworben worden, dem Geschäft, in dem Henk und Kees Baars ihr breites Angebot, geordnet nach Farben und Modellen, präsentieren. Der Name des Ladens stammt vom ersten Inhaber, der Martin hieß, aber aus nicht näher bekannten Gründen Tijn genannt wurde.

Hier gibt es die schönsten Hüte, für die Dame und den Herrn, von casual bis elegant, zum großen Teil gefertigt in Frankreich, Deutschland und vor allem England, wo sich der Hut stets behaupten konnte. Aus den Vereinigten Staaten kommt der berühmte Stetson, und auch einige niederländische Designer haben ihre Kreativität dem Hut gewidmet. Außer Hüten findet man hier alle möglichen Kappen, Barette, (Pelz-)Mützen sowie eleganten Haarschmuck, der sehr beliebt geworden ist, seit Königin Máxima sich mit dieser anmutigen Alternative zum klassischen Hut schmückte. Zudem hat er den Vorteil, dass die Frisur keinen Schaden erleidet. Zu nahezu jedem Hut findet man hier auch eine passende Tasche und das ideale Halstuch.

Und sollte die ausgewählte Kopfbedeckung zu groß oder zu klein sein: Kein Problem, im eigenen Atelier wird alles sorgfältig nach Maß umgearbeitet. Auf Wunsch kann auch der Besatz des Hutes durch den Stoff des Kleides, das man dazu tragen möchte, ersetzt werden.

Adresse Nieuwe Hoogstraat 15, 1011 HC Amsterdam, Tel. 020/6232759, www.dehoedvantijn.nl, info@dehoedvantijn.nl | **ÖPNV** Metro 53, 54, Haltestelle Nieuwmarkt | **Öffnungszeiten** Mo 12–18 Uhr, Di–Fr 11–18 Uhr, Sa 11–17.30 Uhr, Okt., Nov. und Dez. So 12–17 Uhr

52 Hutspot

Ein Supermarkt voller Design und Mode

Was wird denn hier zum Kauf angeboten? Das ist bestimmt die erste Frage, die man sich beim Betreten der weitläufigen Halle an der Rozengracht oder der Van Woustraat stellt. Kleidung, Armbanduhren, Möbel, Schmuck oder aber Geschirr und anderer Hausrat? Papierwaren, Bilderrahmen oder präparierte Vögel und Schmetterlinge? Nun, das alles und noch viel mehr gibt es bei Hutspot, verkündet die modisch gekleidete Verkäuferin hinter der Ladentheke. Denn dies ist nicht einfach ein Geschäft, sondern ein brillantes Konzept, das 2012 von drei enthusiastischen Jungunternehmern verwirklicht wurde. Die innovative Idee hinter diesem, nun ja, nennen wir es doch Geschäft, besteht darin, gemeinschaftlich Handel zu treiben. Designer, Künstler, mutige Geschäftsleute und Einkäufer außergewöhnlicher Waren bekommen hier – gegen eine angemessene Gebühr – den Raum, ihre Produkte auszustellen. Und alles, was man in der Halle sieht, dieses wunderbare Sammelsurium von Dingen und Stilen, kann gekauft werden. Von Schuhen und Taschen bis zum State-of-the-Art-Fahrrad, von Handtüchern und Tischdecken bis zur Kunst an den Wänden und den prachtvollen Vögeln und Schmetterlingen des Tierpräparators und Künstlers Mario Molina Espeleta. Zu diesem Supermarkt voller Design und Mode gehören zudem ein Lunchroom und eine bis nach Mitternacht geöffnete Bar – Treffpunkte für alle, die sich für neue Entwicklungen auf dem Gebiet des Designs interessieren.

Vor Weihnachten und anderen Feiertagen legen sich die Mitarbeiter besonders ins Zeug, um mit aufwendigen Dekorationen noch mehr Kunden anzulocken. Mit der Eröffnung ihrer zweiten Filiale an der immer beliebter werdenden Rozengracht ging für die drei Gründer ein neuer Traum in Erfüllung. Nun planen sie weitere Niederlassungen, nicht nur in Amsterdam und anderen niederländischen Städten, sondern auch möglichst viele im Ausland. Es sei ihnen von Herzen gegönnt.

Adresse Van Woustraat 4, 1073 LL Amsterdam, Tel. 020/2231331, www.hutspotamsterdam.com, info@hutspotamsterdam.com | **ÖPNV** Tram 4, Haltestelle Stadhouderskade | **Öffnungszeiten** Mo–Sa 10–19 Uhr, So 12–18 Uhr

53 Die Islamische Slagerij Zagora

»Gutes Essen, gutes Herz«

Diese Metzgerei liegt im Herzen des Viertels De Pijp, in einer Seitenstraße der Albert Cuypstraat. Vor dem Geschäft sind Gemüse und Obst sorgfältig arrangiert, drinnen liegt das breite Angebot von Halal-Fleisch in der Glastheke: das Beste von Lamm, Kalb, Rind und Huhn. Inhaber Hassan Najib wurde 1956 in Zagora, einer kleinen marokkanischen Stadt am Rande der Sahara, geboren. Wie schon sein Vater wurde er Metzger. 1987 kam er zum ersten Mal für eine Woche auf Familienbesuch in die Niederlande. Es gefiel ihm in Amsterdam. Er erfuhr, was das typische niederländische Wort »gezellig« bedeutet, nämlich »gemütlich, gesellig«, und fand es hier so »gezellig«, dass er beschloss, wiederzukommen und Arbeit zu suchen.

Der Zufall kam ihm zu Hilfe: Er konnte sofort bei der islamischen Metzgerei Zagora anfangen. »Zagora ist eine Wüstenstadt«, erzählt Hassan. »Dort wächst fast nichts, deshalb wird vor allem Fleisch gegessen, Kamel, Ziege, Rind und Schaf. Mein Chef erklärte mir, wo und wie man einkaufen musste und was alles kostete. Die Arbeit machte mir Spaß, der Chef war zufrieden und bat mich zu bleiben. Bis er mir eines Tages den Schlüssel vom Geschäft gab und sagte: ›Ich gehe fort, der Laden gehört dir.‹« Hassan ließ seine Frau und die Kinder aus Marokko nachkommen und wohnt nun mit seiner Familie in Almere. Einer seiner Söhne hilft ihm samstags im Laden.

Pläne, irgendwann einmal in seine Heimat zurückzugehen, hegt Hassan nicht. »Mein Leben ist hier. Wo ich mein Brot verdiene, ist mein Zuhause.« Doch die Finanzkrise verschont auch Zagora nicht. »Die Leute essen weniger Fleisch oder kaufen ein Stück Schmorfleisch statt Beefsteak. Aber Gott sorgt dafür, dass alles gut wird. Mit einem guten Herzen ist das Leben unbeschwert, mit einem bösen Herzen hat man Probleme. Zum Glück bin ich gesund. Wie das kommt? Gutes Essen, gutes Herz und Gott um das Übrige bitten.«

Adresse Eerste van der Helststraat 54, 1072 NX Amsterdam, Tel. 020/6621465 | **ÖPNV** Tram 16, 24, Haltestelle Albert Cuypstraat | **Öffnungszeiten** Mo–Sa 9–17 Uhr

54_Jacob Hooy & Co
Gegen jedes Leiden ist ein Kräutlein gewachsen

Man geht über die Türschwelle und wähnt sich im 18. Jahrhundert. Wände voller kleiner Fässer und Schubfächer, in denen Heilkräuter und Teemischungen aufbewahrt werden. Die Gerüche der Kräuter überlagern den blumigen Duft von Seife. Denn auch wohlriechende Produkte für Haut und Haar gibt es in dieser altertümlichen Drogerie, die von Königin Beatrix mit der Verleihung des Titels »Hoflieferant« ausgezeichnet wurde. Zum Sortiment gehören auch Lakritze in vielerlei Sorten, Trockenfrüchte und eine breite Auswahl an Vitaminprodukten. Doch seinen Ruhm verdankt Jacob Hooy vor allem den Kräutern. Kamille, Pfefferminze, Brennnessel und Katzenbart werden am häufigsten verlangt, verrät Peter Oldenboom, Nachkomme von Jan Christoffel Oldenboom, der das Geschäft 1846 übernahm, aber den Namen des Gründers beibehielt.

Jacob Hooy war 21 Jahre alt, als er 1743 auf dem Amsterdamer Nieuwmarkt einen Stand mit Kräutern und Gewürzen eröffnete. Damals waren es kostbare Waren, die von den Handelsschiffen aus Ostindien mitgebracht wurden. Die Geschäfte liefen gut, sodass Jacob schon bald einen Drogerieladen am Barndesteeg aufmachen konnte. Zwei Jahre später bezog er das heutige Gebäude. Peter Oldenboom, der hier bei seinem Vater und Großvater gearbeitet hat, fühlt sich rundum wohl in diesem nostalgischen Familienbetrieb und berät seine Kunden gerne bei der Suche nach den richtigen Kräutern für ihre Beschwerden. »Nein, wir sind keine Ärzte«, sagt er, »aber wir informieren die Leute über die Wirkung von Kräutern und wie man aus ihnen Tee zubereitet. Katzenbart zum Beispiel ist eine Heilpflanze, die aus Indonesien stammt und bei Nierensteinen hilft.«

414 Fässer und Schubfächer beherbergt das Geschäft, und ebenso viele Gerüche scheinen einem hier in die Nase zu steigen. »Wenn ich zu einem Fest gehe, riechen die anderen, dass ich da bin«, sagt Peter. Das glaubt man ihm nur allzu gerne.

Adresse Kloveniersburgwal 10–12, 1012 CT Amsterdam, Tel. 020/6243041, www.jacob-hooy.com, info@jacob-hooy.com | ÖPNV Metro 53, 54, Haltestelle Nieuwmarkt | Öffnungszeiten Mo 13–18 Uhr, Di–Fr 10–18 Uhr, Sa 10–17 Uhr

55__Jan de Grote Kleinvakman

Der König der Kurzwaren

»Mein erstes Nein gibt's umsonst«, sagt Mark Vos. Womit er sagen will, dass er niemals Nein sagen muss, weil er alles im Angebot hat, was man zum Handarbeiten braucht. Ein Geschäft voller Scheren und Garne, Borten und Bänder, Druckknöpfe und Verschlüsse, Schneiderpuppen, Nähkästen, Hosenträger, Federn und Pailletten, Strickwolle in allen Stärken und noch vielem mehr.

Angefangen hat alles vor 50 Jahren in einem Keller in Amsterdam Ost. »Dort hatte mein Opa eine Hutwerkstatt«, erzählt Mark. »Mein Vater half ihm. Auch Oma und meine Mutter kamen zum Einsatz, sie dekorierten seine Modelle.« Die Hüte wurden an diverse Ladenbesitzer geliefert, vor allem aber von Vater Henny auf dem Albert Cuypmarkt verkauft.

Als Hüte aus der Mode kamen, beschloss Henny, fortan mit Kurzwaren zu handeln. Zuerst an einem Marktstand, dann in dem Laden, der nun von seinem Sohn Mark geführt wird. »Ich saß als Kind auf der Theke, war 18, als ich hier zu arbeiten angefangen habe, und nun kümmere ich mich schon gut 20 Jahre um die Geschäfte. Meine Eltern helfen immer noch ein wenig aus. Ich habe selbst drei Söhne und hoffe von Herzen, dass einer von ihnen irgendwann mein Nachfolger wird. Vater ist ein echter Markthändler, er geht anders auf die Kunden zu als ich, viel direkter, wie es nun einmal auf dem Markt üblich ist. Für mich besteht die Kunst darin, den Kunden gut zuzuhören, den Wandel der Mode zu beobachten und das Sortiment rechtzeitig darauf auszurichten. Bei uns gibt es auch Wolle und Nadeln für alle, die stricken lernen möchten, Federboas, Pailletten und festliche Hosenträger für die Weihnachtstage und alle möglichen Artikel in Orange für die Fußballfans. Heutzutage, wo bei vielen das Geld knapp ist, sind Knie- und Ellbogenflicken wieder gefragt, ebenso der Stopfpilz. Dieser Beruf ist mein Hobby. Stell mich am Samstag hinter die Theke und ich fühle mich wie ein König!«

Adresse Albert Cuypstraat 203, 1073 BE Amsterdam, Tel. 020/6738247, www.jandegrotekleinvakman.nl, webwinkel@jandegrotekleinvakman.nl | **ÖPNV** Tram 4, Haltestelle Stadhouderskade | **Öffnungszeiten** Mo–Sa 9–17 Uhr

56 ’t Japanse Winkeltje
Die subtile Schönheit japanischen Designs

Bereits seit 1976 befindet sich am Nieuwezijds Voorburgwal das hübsche Japanse Winkeltje mit seinem vielfältigen Angebot japanischer Produkte wie gusseisernen Teekannen und traditionellem Geschirr. Nach Umbaumaßnahmen ist auch das Sortiment modernisiert worden. Das klare helle Interieur entspricht der subtilen Schönheit japanischen Designs, die kostbaren Objekte sind mit großer Sorgfalt arrangiert: wundervolle Lackarbeiten wie Dosen und Schüsseln, Keramik – von Töpferware für den täglichen Gebrauch bis zu hauchdünnem Porzellan für besondere Anlässe. Was gibt es Schöneres als einen mit handgefertigtem japanischen Geschirr gedeckten Tisch? Liebhaber finden hier von Hand geschöpftes Papier und Arbeiten von japanischen Kalligrafen, exklusive Kunstwerke von jungen Künstlern und Nachdrucke jahrhundertealter Holzschnitte, bequeme Kimonos aus Baumwolle, Stiefel, in denen der große Zeh eigens seinen Platz hat, moderne, nach traditionellen Techniken gefertigte Lampen, bunte Halsketten aus handgemachten Seidenkugeln, Bücher über Japan und seine reiche Kultur und natürlich alles, was man für eine landestypische Teezeremonie benötigt.

Das Geschäft ist Teil des Japanischen Kulturzentrums, das 1976 eröffnet wurde mit dem Anliegen, die japanische Kultur bekannt zu machen und den kulturellen Austausch zwischen den Niederlanden und dem Land der aufgehenden Sonne zu fördern. Außer dem Laden betreibt das Zentrum auch ein Reiseunternehmen, Tozai Travel, das Individualreisen nach Japan organisiert, unter anderem eine höchst interessante Tempeltour auf der Insel Shikoku. In Zusammenarbeit mit dem Zentrum veranstaltet der Laden Workshops, in denen man sich der berühmten Teezeremonie widmet oder auch japanische Handwerkskünste wie Papierherstellung oder Kalligrafie erlernen kann. Und es finden regelmäßig Sprachkurse für Anfänger und Fortgeschrittene statt.

Adresse Nieuwezijds Voorburgwal 177, 1012 RK Amsterdam, Tel. 020/6279523, www.japansewinkeltje.nl, info@japans.nl | **ÖPNV** Tram 1, 2, 5, 13, 17, Haltestelle Dam | **Öffnungszeiten** Di−Sa 10−18 Uhr

57_Jera3
Garantiert wasserfeste Taschen

In der Nieuwe Hoogstraat und deren Verlängerung, der Oude Hoogstraat, haben sich in den letzten Jahren viele neue Geschäfte niedergelassen. In den einst etwas verkommenen Straßen geht es nun trendy und sogar ein bisschen chic zu. Das erfreut nicht nur die Amsterdamer und viele Touristen, sondern auch die hier ansässigen renommierten Läden wie Yucca und Capsicum.

Ein weiteres Highlight ist Jera3, spezialisiert auf handbemalte Ledertaschen. Hier findet man Hand-, Schulter- und Einkaufstaschen, elegante Abendtäschchen, Brieftaschen und Rucksäcke. Gefertigt werden sie – nach Entwürfen von Künstlern aus der ganzen Welt – von erfahrenen Lederwarenproduzenten. Bemalt sind sie mit Blumen, Schmetterlingen oder abstrakten Figuren, auch Tiger- oder Leopardenmuster gibt es und sogar berühmte Motive von Picasso, Klimt und van Gogh. Inhaberin Jana Monsels, geboren in Texas, lässt auch eigene Fotos von Amsterdamer Stadtansichten auf Taschen unterschiedlichen Formats drucken. »Jede Tasche ist ein Unikat«, sagt sie stolz. Jana kam 2006 in die Niederlande, wo sie mit ihrem Mann 2011 ein Consulting-Unternehmen gründete. Zwei Jahre später wagte sie einen Neuanfang mit der Produktion dieser außergewöhnlichen Taschen.

Manche Exemplare zeugen von ihrer texanischen Herkunft, wie die geräumige Arzttasche oder die robusten Rucksäcke aus braunem Leder mit versilberten Schnallen. »Darauf gibt es lebenslange Garantie«, versichert Jana. Ebenso garantiert sie, dass alle bemalten Taschen wasserfest sind. Jana lacht. »Das ist Voraussetzung in einem Land, in dem es so viel regnet!«

Jede Tasche ist im Inneren mit vielen praktischen Fächern ausgestattet, und manche sind mit einem kleinen Schloss versehen. Was aber hat es mit dem Namen Jera3 auf sich? Jera bedeutet Ernte, und die 3 steht für Janas Familie: sie selbst, ihren Ehemann und die kleine Tochter Juliette.

Adresse Nieuwe Hoogstraat 3a, 1011 HC Amsterdam, Tel. 020/2330254, www.jera3.nl, info@jera3.nl | **ÖPNV** Metro 53, 54, Haltestelle Nieuwmarkt | **Öffnungszeiten** Mo 13–19 Uhr, Di–Sa 11–19 Uhr, So 12–18 Uhr

58_Joe's Vliegerwinkel

Alles, was schwebt, surrt, kreiselt und klickert

Überall in diesem Geschäft hängen farbenfrohe Drachen, große und kleine, an den Wänden, an der Decke. Angesichts der Vielzahl von Modellen kann man wahrlich ins Staunen geraten. Wer Khaled Hosseinis faszinierenden Roman »Drachenläufer« gelesen hat, weiß, dass man in Ländern wie Afghanistan Drachen nicht nur zum Vergnügen steigen lässt, sondern auch als Wettkampfsport. So kam es, dass eine Gruppe abenteuerlustiger Hippies in den frühen 70er Jahren auf ihren Reisen durch Asien diesen Sport entdeckte und, beeindruckt von dieser eleganten Kultur, beschloss, in Amsterdam einen Laden für Drachen zu eröffnen. Diese Idee muss einfach von Erfolg gekrönt sein, dachten sie, denn in einem Land, wo so viel Wind herrscht, haben bestimmt viele Leute Spaß daran, einen Drachen steigen zu lassen!

Zu Beginn wurden in Joe's Vliegerwinkel vor allem aus Asien importierte Drachen aus Papier und Seide verkauft, filigrane handgefertigte Kunstwerke für behutsame Drachenlenker. Doch im Laufe der Jahre wurde auch in den Niederlanden ein beliebter Sport daraus, für den man robuste Drachen aus Nylon-Segeltuch und Kohlefaser-Stangen benötigt. Das Angebot reicht von Einleiner-Drachen für die Kleinsten über Lenkdrachen für Kinder ab acht Jahren bis zu »Powerkites« für Erwachsene.

Neben bunten Drachen und jeglichem Zubehör, das man braucht, um sie steigen zu lassen, gibt es auch ein vielfältiges Sortiment an Spielzeug und Festartikeln für Jung und Alt, zum Beispiel Glasmurmeln, Puzzles, Kreisel und Kaleidoskope, Mobiles, Bumerangs, Frisbeescheiben, leuchtende Sterne und Planeten, Girlanden, Luftballons, Geburtstagshütchen, skurrile Kuckucksuhren und Segelflugzeuge, sowohl fertige als auch solche zum Selbstbauen. Und wer unter die Jongleure gehen möchte, findet hier alles, um sein Publikum zu begeistern: Devilsticks, Jonglierbälle, Diabolos, Keulen und Ringe.

Adresse Nieuwe Hoogstraat 19, 1011 HD Amsterdam, Tel. 020/6250139, www.joesvliegerwinkel.nl, info@joesvliegerwinkel.nl | **ÖPNV** Metro 53, 54, Haltestelle Nieuwmarkt | **Öffnungszeiten** So und Mo geschlossen, Di–Fr 12–18 Uhr, Sa 12–17 Uhr

59_Juttersdok

Kuriositäten für einen guten Zweck

Ein Laden voller Nostalgie, in dem garantiert jeder fündig wird: das ist Juttersdok. Zum Sortiment gehören Keramik, afrikanische und asiatische Holzschnitzereien, Porzellanfiguren aus Großmutters Zeiten, Schilder, Vasen, Spiegel, Uhren und Kerzenleuchter, alte Designerlampen, eine große Auswahl an Filmplakaten, Büchern und Schallplatten. Kurz gesagt: Kunst und Kuriositäten von gestern und heute. Dazu kommen, dicht gedrängt, große und kleine Schränke, Tische und Stühle und sogar ein Sofa, auf dem zumeist kleinere Verkaufsobjekte ausgestellt sind. Das Geschäft beruht auf einem besonderen Konzept: Junge Menschen mit leichter körperlicher oder geistiger Behinderung, die auf dem Arbeitsmarkt kaum Chancen haben, können hier einer sinnvollen Tätigkeit nachgehen.

Für diesen Zweck wurde 1993 Juttersdok gegründet. Die Stiftung kümmert sich um Ausbildungsmöglichkeiten und Arbeitsstellen für benachteiligte Menschen, hilft bei finanziellen Problemen, der Wohnungssuche und medizinischer Versorgung. Inzwischen betreibt sie vier Gebrauchtwarenläden in den Stadtteilen De Baarsjes, Zeeburg, Noord und Centrum. Derartige Geschäfte sind nicht nur bei den weniger betuchten Kunden sehr beliebt, sondern haben innerhalb der Viertel auch eine soziale Funktion, zum Beispiel als Treffpunkt für die Bewohner.

In den Läden arbeiten größtenteils die Menschen, für die Juttersdok einst gegründet wurde. Die kleinste und interessanteste Niederlassung befindet sich in der Kerkstraat im Herzen Amsterdams, zwischen der Utrechtsestraat und der Magere Brug. Hier bekommt man die etwas ausgefalleneren Objekte, die von zahlreichen ehrenamtlichen Helfern bei großzügigen Spendern abgeholt und vom wechselnden Verkaufspersonal liebevoll gehegt und gepflegt werden. Das kunstvolle Arrangement von Waren auf dem Bürgersteig vor dem Laden ist schon für sich genommen sehenswert und lockt flanierende Passanten an.

Adresse Kerkstraat 354, 1017 JA Amsterdam, Tel. 020/8203570, www.juttersdok.nl |
ÖPNV Tram 4, Haltestelle Prinsengracht | **Öffnungszeiten** Mo–Fr 10–18 Uhr

60_H. J. van de Kerkhof

Quasten, Troddeln, Litzen, Paspeln …

Was eigentlich sind Posamenten? Laut Lexikon ist es ein aus dem Französischen stammender Oberbegriff für unter anderem Fransenborten, Zierbänder, Kordeln und Spitzen, die auf Kleidungsstücke, Polstermöbel, Vorhänge und andere Heimtextilien appliziert werden. Van de Kerkhof führt nach eigener Aussage das größte und bestsortierte Angebot dieser schönen Schmuckelemente. Niemand, der dieses Geschäft betritt, wird das in Zweifel ziehen. Eine schier unvorstellbare Fülle an Gardinenquasten, Fransen aller Art, Lampenkordeln, Borten zum Umsäumen von Polstern, Gold- und Paillettenlitzen, Epauletten, Troddeln für den Schlüsselbund, Paspeln, gewebten Bordüren und Raffhaltern für Gardinen. Ich erinnere mich noch an die düstere Wohnung meiner Tante Jo: Die Samtvorhänge wurden in der Mitte von geflochtenen Raffbändern mit kupferfarbenen Quasten gehalten. Tante Jo trug immer lange schwarze Kleider, und über ihren schweren Brüsten prangte ein weißer Spitzenkragen, den sie bestimmt irgendwann einmal bei Van de Kerkhof erstanden hatte.

Der einzigartige Groß- und Einzelhandel in Posamenten wurde 1938 von Hendricus Johannes van de Kerkhof gegründet, der seine Laufbahn als Tapezierer und Polsterer begann. Als sein Sohn Hans 1983 das Geschäft – damals noch mit Sitz in der Wolvenstraat – übernahm, war das Warenangebot bereits um eine beträchtliche Auswahl an Kurzwaren für Möbel und Kleidung erweitert worden. Zu den Kunden zählten auch Dekorateure, Polsterer, Modedesigner und Konfektionsbetriebe. Bis 2010 das Fundament des aus dem 17. Jahrhundert stammenden Gebäudes erneuert werden musste und das Unvorstellbare zu geschehen drohte: die Schließung des Traditionshauses Van de Kerkhof! Doch zum Glück war Manuelle de Groot, eine Tochter des Geschäftsgründers, bereit, den Familienbetrieb mit neuem Sitz an der Elandsgracht weiterzuführen. Zur großen Erleichterung der Stammkundschaft!

Adresse Elandsgracht 43a, 1016 TN Amsterdam, Tel. 020/6234084, www.kerkhofpassementen.com, info@kerkhofpassementen.com | **ÖPNV** Tram 7, 10, 17, Haltestelle Elandsgracht | **Öffnungszeiten** Di–Sa 11–17 Uhr

61 De Kiloshop

Darf es ein bisschen mehr sein?

»Finde, wiege, trage« – so steht es in zwei Sprachen auf dem Schaufenster des Kiloshop, der 2014 eröffneten Verkaufshalle mit dem schier unüberschaubaren Angebot an Vintagekleidung, die, wie der Name schon sagt, per Gewicht abgerechnet wird. Für das Konzept dieser Tochterfirma eines in Paris ansässigen Unternehmens gibt es keine passendere Umgebung als den Waterlooplein. Hier kaufte man früher nicht nur Mobiliar, um ein besetztes Haus oder ein Studentenzimmer einzurichten, sondern auch Secondhandkleidung.

Auch für Roger Kenbeek, den Besitzer des Kiloshop, ist der Waterlooplein vertrautes Terrain. »Ich bin in diesem Viertel aufgewachsen, meine ganze Familie verkaufte auf dem Markt Kleidung.« Er studierte zunächst Politologie, befasste sich dann mit der Entwicklung von Marketingstrategien und war unter anderem Country-Manager einer internationalen E-Commerce-Firma. »Nach 20 Jahren hatte ich genug vom Internet-Business«, erzählt Kenbeek. »Der rote Faden in meinem Leben ist der ständige Wunsch nach neuen Herausforderungen.«

Von Hause aus vertraut mit der Vintage-Welt, war der Kiloshop für ihn genau das richtige Projekt. Die Kleidung, für Männer, Frauen und Kinder, stammt aus Europa, Japan und den Vereinigten Staaten. »Was wir heute Vintage nennen, wurde in den 80er und 90er Jahren getragen«, erklärt Kenbeek. »Teile, die man nirgendwo anders findet, aus einer Zeit, als Kleidung von besserer Qualität war als heutzutage. Es hängt sehr viel im Geschäft, aber wir haben alles so gut wie möglich nach Zielgruppen sortiert. Verrückterweise gehen die meisten Kunden geradewegs zu der Kleidung, die zu ihnen passt. Ich nenne den Kiloshop auch ›Glücklichmachladen‹: Für wenig Geld findet man hier etwas, womit man fröhlich nach Hause geht. Und was hier verkauft wird, prägt letztlich das Straßenbild, von dem sich die Bekleidungsindustrie inspirieren lässt.«

Adresse Jodenbreestraat 158, 1011 NS Amsterdam, zweiter Eingang: Waterlooplein 189, 1011 PG Amsterdam, Tel. 06/51966390, info@kiloshop.nl | **ÖPNV** Metro 53 und 54, Haltestelle Waterlooplein | **Öffnungszeiten** Mo–Sa 11–19 Uhr, So 14–18 Uhr

62 De Kinderboekwinkel

Und, was hast du schon alles gelesen?

Dieses Paradies für lesende Kinder blickte 2015 auf sein 40-jähriges Bestehen zurück und ist damit der älteste Kinderbuchladen in den Niederlanden. »Zehn Jahre älter als der in Paris«, verkündet Gründerin Rietje Nivard, die bereits als Kind ihre Liebe zu Büchern entdeckt hat. »Ich habe diesen Laden damals eröffnet, weil ich fand, dass Kinderbücher mehr Platz verdienen als die üblichen zwei Regale in einer normalen Buchhandlung«, erklärt sie ihre Passion. Nicht weniger als 32 Regale stehen in ihrem Geschäft, gefüllt mit über 7.000 Titeln: Pappbilderbücher für die Kleinsten, Bilderbücher, Erstlesebücher, Sachbücher für wissbegierige Leser sowie Romane für 6- bis 16-Jährige. Zum Sortiment gehören auch Klassiker wie »Onkel Toms Hütte« von Harriet Beecher Stowe. Auf der Ladentheke liegt ein Blatt, auf dem Rietjes 50 Lieblingsbücher stehen. Gerne fragt sie ihre jungen Kunden: »Und, was hast du schon alles gelesen?«

Jedes Jahr erscheinen in den Niederlanden über 1000 neue Kinderbücher. Wem angesichts des riesigen Angebots die Wahl schwerfällt, der kann die Inhaberin um ihren fachkundigen Rat bitten. Über den Regalen hängen Zeichnungen, die Autoren auf Bitte von Rietje zu ihren Büchern angefertigt haben. Ein Tisch, an dem eine von Bilderbüchern umringte Babypuppe sitzt, bildet den Mittelpunkt des Ladens.

Jedes Jahr veranstaltet die Besitzerin originelle Wettbewerbe wie »Ein Foto von dir und deinem Lieblingsbuch« oder »Gestalte einen Buchstaben des Alphabets«. Und in der Weihnachtszeit stehen auf der Webseite nützliche Tipps zu Büchern, die sich perfekt als Geschenk für junge Leser eignen. In den langen Jahren seines Bestehens ist Rietjes Geschäft über die Stadtgrenzen hinaus zu einer festen Institution geworden. »Die Kinder, die früher herkamen, kommen heute mit ihren Kindern zu mir«, erzählt Rietje – und darüber freut sie sich natürlich sehr!

Adresse Rozengracht 34, 1016 NC Amsterdam, Tel. 020/6224761, www.kinderboekwinkel.nl, info@kinderboekwinkel.nl | **ÖPNV** Tram 13, 14 und 17, Haltestelle Westermarkt | **Öffnungs-zeiten** Mo 13–18 Uhr, Di–Fr 10–18 Uhr, Sa 10–17 Uhr

63 Kitsch Kitchen

Gute Laune im Mini-Kaufhaus

In diesem Laden bekommt man garantiert gute Laune, denn bunter kann es kaum zugehen! Hier verkaufen Inhaberin Ingelies Straatemeier und ihre Mitarbeiter so ziemlich alles, was die Welt an farbigen Dingen zu bieten hat: zum Beispiel nostalgische Emailkannen und -tassen aus China, indische Perlenvorhänge, fromme Andachtsbildchen aus Guatemala oder ghanaische Dosen aus recyceltem Blech. Dank der einfallsreichen Wiederverwendung industrieller Abfallprodukte werden in Drittweltländern oft verblüffend originelle Gebrauchsgegenstände angefertigt.

Und noch vieles mehr erwartet den Kunden in diesem Mini-Kaufhaus: Plastiktassen in allen Farben, Schalen und Becher aus Ton, Schmuck, farbenprächtig herausgeputzte Barbiepuppen, witzige Postkarten, kleine Tischleuchten und originelle Wand- und Deckenlampen sowie Körbe und Schachteln aus aller Herren Länder, um nur einiges aufzuzählen.

Und natürlich Plastiktischdecken, bedruckt mit bunten Blumen, festlichen Motiven oder Phantasiemustern. In Amsterdam gibt es keine Wohnung, in der nicht auf irgendeinem Tisch – meist dem Küchentisch – eine farbenfrohe Plastikdecke von Kitsch Kitchen zu finden ist. Sie kommen aus Mexiko, wo Ingelies die meisten ihrer Produkte einkauft.

Als sie auf ihren Reisen durch die ganze Welt all die bunten Dinge entdeckt hatte, beschloss sie, diese in großen Mengen zu importieren und ein Geschäft in der Eerste Bloemdwarsstraat zu eröffnen. Der Laden lief so gut, dass sie zehn Jahre später, 2004, mit ihrem fröhlichen Sortiment in das geräumige Lokal an der Rozengracht umzog. Und da sie selbst für den Einkauf zuständig ist und die diversen Länder bereist, kann sie die Preise auf einem akzeptablen Niveau halten. Doch da ihr das Schicksal der Menschen in der Dritten Welt am Herzen liegt, achtet sie auch immer darauf, dass die Produzenten all der schönen Produkte angemessen bezahlt werden.

Adresse Rozengracht 8–12, 1016 NB Amsterdam, Tel. 020/4620051, www.kitschkitchen.nl, store@kitschkitchen.nl | **ÖPNV** Tram 13, 14 und 17, Haltestelle Westermarkt | **Öffnungszeiten** Mo–Sa 10–18 Uhr, So 12–17 Uhr

64_ Knuffels-Wooden Shoe Factory

Ein Holzschuhmacher im Märchenland

Mit seinem Schaufenster voller tanzender, kletternder und herumpurzelnder Stofftiere lockt Bruno Jonker viele Leute an. In dem Geschäft, das den Namen Knuffels (auf Deutsch »Stofftier«) trägt, hegt und pflegt er Hunderte von Stofftieren aller Arten und Größen, von »Ty Beanie Babies« bis zu den berühmten Steiff-Bären, von Hunden und Katzen bis zu Kühen und Hasen. Gesellschaft leisten ihnen in diesem Märchenland beliebte Phantasiefiguren wie »Hello Kitty«, »Barbapapa«, Ritter von der Firma Papo und Drachen. Für all jene, die aus dem Puppenalter herausgewachsen sind, gibt es Knobelspiele, spaßige Gadgets, typische Amsterdam-Souvenirs und natürlich ... Holzschuhe, die auf Niederländisch »Klompen« heißen. Als bunt bemaltes Andenken, aber auch als urholländisches Schuhwerk. Denn Bruno Jonker ist nicht nur Herr über Stofftiere, sondern auch Holzschuhmacher.

Bruno arbeitete ursprünglich als Goldschmied, doch als er damit sein Auskommen nicht mehr bestreiten konnte, beschloss er 1981, sich dem lukrativeren Holzschuhmacherhandwerk zu widmen. Seine erste Ladenwerkstatt am Nieuwezijds Voorburgwal war sofort ein großer Erfolg. Als »Klompenboer« reiste er durch die Welt, um sein Handwerk vorzuführen. Alles lief gut, bis ihn private Umstände und körperliche Beschwerden zwangen, die Werkstatt zu schließen. Doch er ließ sich nicht unterkriegen und eröffnete 2001 in der Antoniesbreestraat sein Stofftierparadies. »Meine damalige Freundin sammelte Stofftiere, und das brachte mich auf meine Geschäftsidee«, erzählt er. Auch wenn ihm die Stofftiere inzwischen sehr am Herzen liegen, hat er unter dem Laden noch immer eine Holzschuhwerkstatt. Dort fertigte er das Paar Klompen an, in dem er seine Kunden bedient. Die Herstellung von Holzschuhen gehört nicht mehr zu seinem Tagesgeschäft, doch wer ihm bei der Arbeit zuschauen möchte, kann sich gerne bei ihm telefonisch oder per Mail anmelden.

Adresse Sint Antoniesbreestraat 51, 1011 HB Amsterdam, Tel. 020/4273862, www.pluche.nl, info@pluche.nl | **ÖPNV** Metro Nieuwmarkt | **Öffnungszeiten** Mo–Sa 10–18 Uhr, So 11–17 Uhr

65__De Kookboekhandel

Jede Woche ein neues Kochbuch

»Wenn zehn Leute ein Gericht nach exakt demselben Rezept zubereiten, schmeckt es trotzdem zehnmal anders. Das ist das Geheimnis des Kochens, und das ist es, was mich interessiert.« Das sagt Jonah Freud, die nach einer Ausbildung im sozialen Bereich und einem abgebrochenen Jurastudium 1989 als Nachfolgerin von Johannes van Dam im Koekboekwinkel ihre wahre Berufung fand. »Ich wage zu behaupten, dass es niemanden gibt, der so viel über Kochbücher weiß wie ich«, sagt sie ohne jede Bescheidenheit. »Beschreib mir ein Cover, und ich weiß, um welches Buch es sich handelt.« Das will was heißen, wenn man sich in diesem vom Boden bis zur Decke mit Kochbüchern gefüllten Geschäft umschaut. Und jede Woche kommt ein weiteres hinzu! Platz finden die Neuerscheinungen neben den Bestsellern auf dem Tisch, der mitten im Laden steht.

Was das Thema Kochen betrifft, so hat sich in den letzten Jahren einiges gewandelt, es wird bewusster gegessen und gekocht, immer wieder kommen neue Trends auf. So erscheinen beispielsweise immer mehr Bücher über die Zubereitung von Säften und Smoothies, um der Begeisterung für Rohkost Rechnung zu tragen, und mit seinem Buch über Innereien reagiert Küchenchef und Autor Stéphane Reynaud auf den Trend, das ganze Tier zu verwenden. Nicht zu vergessen die Wurstherstellung. Manche Leute sind von dieser Idee so besessen, dass sie ihren Job kündigen, um Wurst zu produzieren. Da wittern Kochbuchautoren sofort ihr nächstes Thema!

Auch das Fernsehen dient als beliebte Inspirationsquelle. Ob es nun in den Sendungen um Backen oder Kochen geht, garantiert kommen bald darauf die entsprechenden Bücher auf den Markt. Zum Glück sind auch nach wie vor kulinarische Klassiker erhältlich. »Da sich heutzutage so viele Menschen dem Thema Essen widmen, sei es professionell oder als Hobby, nimmt der Koekboekhandel eine herausragende Stellung ein«, sagt Jonah.

Adresse Haarlemmerdijk 133, 1013 KG Amsterdam, Tel. 020/6224768, www.kookboekhandel.com, info@kookboekhandel.com | **ÖPNV** Tram 3, Haltestelle Haarlemmerplein; Bus 18, 21 und 22, Haltestelle Haarlemmerplein | **Öffnungszeiten** Mo 13–18 Uhr, Di–Sa 10–18 Uhr; Juli, Aug. Mo geschlossen

66 Kramer Kaarsen

Der letzte Puppendoktor Amsterdams

Der Name des Geschäfts ist nur die halbe Wahrheit, denn hier gibt es nicht nur ein riesiges Angebot von Kerzen aller Art und Zubehör wie Kerzenständer und Anzünder, sondern auch eine Werkstatt, in der Puppen und Bären repariert werden. Es riecht nach Duftölen und Weihrauch, ein viel gefragter Artikel, seit sich der Glaube verbreitet hat, dass man mit einer bestimmten Sorte sein Zuhause von negativen Einflüssen befreien kann.

Klaas Kramer hat den Laden von seinen Eltern übernommen, die hier 1970 begannen, Kerzen und Leuchter zu verkaufen. Zuvor hatte an diesem Ort ein Puppendoktor seine Praxis, und nach wie vor wurden eine Puppe oder ein Bär gebracht, die Schaden erlitten hatten. Vater Kramer hatte nie zuvor eine Puppe in die Hände genommen, doch der Vorgänger überließ ihm einen wahren Schatz an Ersatzteilen: Augen, Arme, Beine, Kleider und sogar ganze Köpfe. Er bewies Geschick, und so suchten die kranken Puppen und Bären weiterhin bei ihm Hilfe.

»Es ist ein aussterbender Beruf«, sagt Klaas. »Früher gab es allein in Amsterdam etwa 15 Puppendoktoren. Das war zu einer Zeit, als ein Mädchen nur eine Puppe und ein Junge einen Bären hatte. Die sollten nicht lädiert sein, also gab es genug zu tun für all die Puppendoktoren. Inzwischen bin ich der einzige. Manchmal kommt jemand mit ein paar Fäden zu mir und fragt, ob ich daraus ein neues Stofftier machen kann. Leider kann ich seinen Wunsch nicht erfüllen. Eigentlich bin ich Goldschmied, ein Beruf mit wenig Zukunft, da wollte ich lieber Puppendoktor werden und Kerzen verkaufen. Im Frühjahr sind vor allem Duftöle und Weihrauch gefragt, geht es auf den Winter zu, steigt der Verkauf von Kerzen. Sie kommen vor allem aus europäischen Ländern; sogar die Gouda-Kerzen der Firma Bolhuis werden in Polen angefertigt. Eine gute Kerze tropft nicht, wenn auch Tropfkerzen – ein Revival der 70er Jahre – immer beliebter werden.«

Adresse Reestraat 20, 1016 DN Amsterdam, Tel. 020/6265274,
www.poppendokter.fiberworld.nl, pontifexkaarsen@hotmail.com | **ÖPNV** Tram 13, 14
und 17, Haltestelle Westermarkt | **Öffnungszeiten** Mo–Fr 10–18 Uhr, Sa 10–17 Uhr

67 Laura Dols

Festgarderobe für Hochzeiten und andere Gelegenheiten

Die »Negen Straatjes« sind als kleines Einkaufsparadies in Amsterdam ein fester Begriff. Wann die neun Gassen zwischen den Grachten so populär geworden sind, ist nicht sicher, doch die Eröffnung des Geschäfts von Laura Dols hat ganz gewiss dazu beigetragen. Als eine der ersten wagemutigen Unternehmerinnen eröffnete sie Anfang der 70er Jahre den inzwischen allseits bekannten Secondhandshop. Im Laufe der Jahre haben ihr viele nachgeeifert, und fast ebenso viele sind wieder fortgezogen, um den Platz zu räumen für teure Modelabels, Designläden und kulinarische Hotspots. Doch Laura Dols ist geblieben und kann sich noch immer einer treuen Kundschaft erfreuen.

Selbst an einem kühlen Frühlingstag ist der Laden voll. Eine der Verkäuferinnen eilt hin und her zwischen ihrem Bügelbrett und einer jungen Frau, die sich in ein romantisches rosa Outfit gehüllt hat. »Wäre das nicht schön für eine Hochzeit?«, fragt sie zögernd. Traumhaft, dieser weite Rock aus Organza mit elfenbeinfarbenem Kurzjäckchen, ganz 50er Jahre, ganz Doris Day.

Nachdem sie zunächst einige Jahre einen Stand auf dem Flohmarkt betrieben hatte, eröffnete Laura Dols einen eigenen Laden, in dem sie ihr Ideal verwirklichen konnte: bezahlbare Vintagekleidung von guter Qualität anzubieten. Ihre Ware kauft sie in Polen, vor allem aber in den Vereinigten Staaten ein. Mit ihrem ausgeprägten Faible für amerikanischen Glitter und Glamour begann sie schon als junge Frau aufsehenerregende Brautkleider aus den 50er Jahren und davor zu sammeln, oft handgefertigt, Haute Couture aus früheren Zeiten.

Das Angebot besteht vor allem aus Brautkleidung, Gala- und Cocktailkleidern sowie den passenden Schuhen und Hüten. Doch auch die Herren werden hier fündig: Im Souterrain hängen die eleganten Smokings und Oberhemden, in denen Laura ihre männlichen Kunden gerne zu Hochzeiten und anderen Festen gehen sieht.

Adresse Wolvenstraat 7, 1016 EM Amsterdam, Tel. 020/6249066, www.lauradols.nl, service@lauradols.nl | **ÖPNV** Tram 13, 14 und 17, Haltestelle Westermarkt | **Öffnungs-zeiten** Mo–Sa 11–18 Uhr, So 12–18 Uhr

68__ Van der Linde

Bevor der Künstler zum Pinsel greifen kann

Es ist ein Geruch, der an frühere Zeiten erinnert: der Geruch von Bleistiften und Papier, von Ölfarbe, Karton und dem alten Holz der Regale. Das traditionsreiche Geschäft für Mal- und Zeichenbedarf an der Rozengracht wurde 1898 von Anton-Jan van der Linde eröffnet. Man kann sich kaum noch vorstellen, dass dies einst ein einfacher, nur 50 Quadratmeter großer Laden mit einem Kanonenofen in der Mitte war, in dem der verehrte Kunde auch eine Tasse Kaffee trinken konnte.

Viele Jahre später übernahm Wilhelm de Weert den schnell wachsenden Betrieb. Zuvor hatte er als Buchhalter bei Van der Linde gearbeitet. Seit Anfang der 80er Jahre wird der inzwischen beträchtlich vergrößerte Laden von dessen Sohn Bob gemeinsam mit seiner Frau Els sowie 35 Mitarbeitern geführt. So viele braucht man angesichts eines Sortiments von circa 45.000 Artikeln – alle Sorten von Öl-, Wasser- und Acrylfarben, Sprühdosen sowie Mal- und Zeichenstifte, Hunderte von Papierarten, Füllfederhalter, Bleistifte und Malkästen. Das einstmals im hinteren Teil des Geschäfts befindliche Lager ist an einen anderen Ort verbracht worden. Dort ist nun eine Werkstatt, in der Passepartouts zugeschnitten und Rahmen angefertigt werden – und zwar so schnell, dass man als Kunde darauf warten kann!

Hobbykünstler und Profis bekommen hier alles, was sie benötigen. Schulen aus dem ganzen Land bestellen hier zu Beginn des neuen Schuljahrs Hunderte von Sets mit Malstiften für die Schüler. Inhaberin Els hat aber auch berühmte Künstler wie Jan Sierhuis und den nicht mehr unter uns weilenden Herman Brood mit Farben und Leinwänden versorgt. Els liebt den alten Laden. »Für mich hat er immer noch einen wunderbaren Geruch«, sagt sie. »Und noch immer berühre ich gerne die Dinge.« Deshalb freut sie sich, dass auch ihre beiden Kinder im Geschäft arbeiten. So wird Van der Linde noch lange ein renommierter Familienbetrieb bleiben.

Adresse Rozengracht 38, 1016 NC Amsterdam, Tel. 020/6242791, www.vanderlinde.com | **ÖPNV** Tram 13, 14 und 17, Haltestelle Westermarkt | **Öffnungszeiten** Mo 9.30–18 Uhr, Di–Fr 9–18 Uhr, Sa 11–17 Uhr

69__De Leeuw zuurwaren

»Ich wurde in die Gurken hineingeboren«

Das Ladenlokal ist klein, und fragt man Fred und Monique de Leeuw, soll das auch so bleiben. »Wir möchten ein Geheimtipp sein«, sagt Monique. »Etwa so: Ich kenne da ein Geschäft, in dem das beste Sauergemüse des Landes verkauft wird.« Das wissen inzwischen zahllose Liebhaber der jüdischen Delikatessen von De Leeuw. Sie kommen von nah und fern für die Silberzwiebelchen und Essiggürkchen, die Gemüsezwiebeln, die Salzgurken und Oliven. Auch sauren Hering, Rollmops und saure Leberwurst gibt es hier. Die meisten Waren werden nicht gewogen, sondern per Schöpfkelle verkauft. So war es schon 1850, als Urgroßvater Isaac de Leeuw mit seinem Karren voller selbst eingelegtem Essiggemüse durch das Judenviertel zog. Und so soll es bleiben, denn Fred und Monique fühlen sich der Familientradition verbunden. Die alten Rezepte von Isaac werden in Ehren gehalten, und auch die Öffnungszeiten des Ladens erinnern an alte Zeiten: Samstag ist geschlossen, da wurde der Sabbat gefeiert.

Ein Nachbar kommt herein und bestellt eine ordentliche Portion »Halbe, halbe« (halb Amsterdamer Zwiebeln, halb Gurken). »Die nehme ich mit zu einer Einladung«, erklärt er die Menge. »Dies ist das beste Sauergemüse der Welt, damit macht man jedem eine Freude.«

Isaac übergab den Handel seinem Sohn Nathan, diesem folgte sein Sohn Isie. Der Karren wurde abgeschafft, ein Geschäft eröffnet. An Tagen mit großem Andrang half seine Schwester Greta mit. »Die ganze Familie hatte mit Essiggemüse zu tun. Ich wurde in die Gurken hineingeboren«, erinnert sie sich in einem Dokumentarfilm, der über die Familie De Leeuw gedreht wurde. Im Jahr 1990, als es Greta zu mühsam wurde, die großen Holzfässer zu rollen, beschloss ihr Sohn Fred, den Laden zu übernehmen. Gemeinsam mit seiner Frau Monique, die sich als Nichtjüdin zunächst eingewöhnen musste, nun aber schon lange die Seele des Geschäfts ist.

Adresse Vrijheidslaan 78, 1078 PP Amsterdam, Tel. 020/6628258, www.deleeuwzuur.nl, info@deleeuwzuur.nl | **ÖPNV** Tram 4, Haltestelle Victorieplein | **Öffnungszeiten** Do, Fr und So 9–18 Uhr

70__Look Out
Klassisch mit einem Twist

In den letzten Jahrzehnten hat sich das Erscheinungsbild der Utrechtsestraat stark gewandelt. Wo einst Prostituierte und zwielichtige Händler ihrem Gewerbe nachgingen, findet man heutzutage die angesagtesten Restaurants und Boutiquen. Einigen schon lange dort ansässigen Geschäftsleuten ist es gelungen, sich in diesen turbulenten Jahren zu behaupten.

Zum Beispiel Annemarie Burges, der Inhaberin von Look Out. In zwei riesigen Eckhäusern, die sich gegenüberliegen, führt sie Mode für Damen und Herren. »Zuerst gab es das Geschäft für Damenmode«, erzählt sie. »Mein Vater fertigte Taschen und Jacken aus Leder. 1972 hat meine Mutter diesen Laden eröffnet, um seine Produkte zu verkaufen. Im Lauf der Zeit hat sie sich auf Bekleidung verlegt. Als Kind durfte ich sie auf Messen nach Düsseldorf begleiten, wo ich lernte, wie man Waren einkauft. Mode hat mich schon früh begeistert. Also habe ich nach dem Schulabschluss sofort angefangen, im Geschäft zu helfen. Als 1989 das Ladenlokal in dem Gebäude auf der anderen Straßenseite frei wurde, hat es meine Mutter sofort angemietet. Dort haben wir dann gemeinsam mit Herrenmode begonnen.«

Annemarie reist regelmäßig nach Mailand, Antwerpen und Paris, um sich inspirieren zu lassen und den größten Teil ihrer Kollektionen einzukaufen. »Dort kommen mir die besten Ideen. Natürlich gibt es Trends, die man berücksichtigen muss, aber ich verlasse mich doch eher auf meine Intuition und mein Gefühl.« Sie beschreibt ihre Kollektionen als »zeitlos, geschmackvoll, farbenfroh und einfallsreich, klassisch mit einem Twist. Wir heben uns ab, da wir viele gute, vor allem italienische Marken führen, die man alle miteinander kombinieren kann. Wir kleiden unsere Kunden von Schuh bis Schal ein. Die Mode ist heute viel weniger Zwängen unterlegen als vor 20 Jahren. Kurz oder lang, das spielt keine Rolle mehr. Man schaut einfach, was jemandem gut steht.«

Adresse Utrechtsestraat 91–93, 1017 VK Amsterdam, Tel. 020/6255032, www.lookoutmode.nl, shop@look-out.nl | **ÖPNV** Tram 4, Haltestelle Keizersgracht | **Öffnungszeiten** Mo 12–18 Uhr, Di–Sa 10–18 Uhr

71__Loukan Delicatessen

Die Meister des Hummus

1912 fand in der Ten Katestraat in Oud-West, bekannt als die »Kinkerbuurt«, zum ersten Mal ein offizieller Wochenmarkt statt: der Ten Katemarkt. Es ist ein viel besuchter typischer Amsterdamer Markt, der seit einigen Jahren von den nahe gelegenen »Hallen«, einem Kulturzentrum, profitiert. Der Hallenkomplex in dem grandios renovierten ehemaligen Straßenbahndepot hat zwei Eingänge: an der Tollensstraat und am Ten Katemarkt. Gegenüber Letzterem befindet sich das Geschäft, in dem Omar Loukan orientalische Delikatessen anbietet, wie sein berühmtes selbst gemachtes Hummus in zahlreichen farblichen und geschmacklichen Variationen.

Vater Mohammed Loukan kam 1970 aus dem spanisch-marokkanischen Melilla nach Amsterdam, um sich eine neue Existenz aufzubauen. Er arbeitete zunächst im Apollo Hotel, bis er 1994 den Laden an der Ten Katestraat eröffnete. In den Jahren dazwischen wurden seine drei Kinder geboren. Loukan war auch in der Jugendarbeit tätig. 1983 gründete er den Fußballclub FC Chabab, außerdem kümmerte er sich im Rahmen von Resozialisierungsmaßnahmen um junge Leute. Als diese Arbeit zu belastend für ihn wurde, beschloss er, in die Fußstapfen seines Vaters, der Koch war, zu treten und Tapas und andere Delikatessen zu verkaufen. Im Hinterraum des Ladens bereitet er mit seiner Frau Fatima das Kichererbsenpüree und exotische Gemüsemischungen zu, die unter den Hummus gemischt oder separat angeboten werden. Die alten Familienrezepte sind um neue Zutaten und Geschmackskombinationen bereichert worden: karamellisierte Zwiebeln, Sweet Pepper, Avocado, Koriander / Limone, Basilikum / Minze, Aubergine, frische Mango – im Grunde ist alles möglich, meint Mohammed. Während Fatima mit einer Nachbarin knusprige Honigkekse für den bevorstehenden Ramadan backt, lässt mich ihr Mann alles probieren. Es sind Geschmacksexplosionen. »Tschüss, Schätzchen«, sagt Fatima, als ich mich verabschiede. Besser kann man auf einem Amsterdamer Markt nicht eingebürgert werden.

Adresse Ten Katestraat 22–A, 1053 CG Amsterdam, Tel. 06/28590476, mohammedloukan@gmail.com | **ÖPNV** Tram 7 und 17, Haltestelle Ten Katestraat/ De Hallen | **Öffnungszeiten** Mo–Sa 9–17 Uhr

72__Lyppens
Ein Juwelier für jedermann

Bei Lyppens kaufte ich meinen ersten Ring von meinem ersten selbst verdienten Geld. Ich trage ihn noch immer, einen schweren Silberring mit einem großen anthrazitfarbenen Achat. Nach wie vor gehe ich gerne zu diesem legendären Juwelier mit seinem verlockenden Schaufenster voller moderner und alter Schmuckstücke. Auch in dem winzigen Laden ist keine Fläche ungenutzt. In langen Tischen liegen unter Glasplatten Ringe, Broschen und Ohrringe, an den Wänden stehen Vitrinen voller Ketten, Armbänder, Kerzenständer und anderer Silberarbeiten. Doch so klein ist das Geschäft gar nicht, das Haus aus dem 17. Jahrhundert hat fünf Etagen, und an Tagen mit besonders großem Andrang bedienen bis zu 35 Mitarbeiter die Kundschaft.

Unter dem Dach dieses Labyrinths aus Gängen und Treppen arbeiten die Gold- und Silberschmiede. Sie fertigen Schmuckstücke nach Maß an und setzen Diamanten in Verlobungsringe, die wieder groß in Mode sind. Das Paar darf sich selbst einen Diamanten aussuchen: blassweiß, gelblich weiß, bläulich weiß – es ist erstaunlich, wie viele Weißtöne, geschweige denn Arten von Diamanten es gibt. Brautpaare hinterlegen bei Lyppens ihre Geschenkeliste. Hier kann man wirklich alles für eine festlich gedeckte Tafel kaufen: von Silberbesteck über Glasuntersetzer, Salz- und Pfefferstreuer bis zu dekorativen Silbervögeln, um nur einiges zu nennen.

1959 eröffnete hier Herman Lyppens ein Geschäft für Stoffe und Schmuck, und auch wenn inzwischen sein Sohn Joost und dessen Frau Willemijn das Silberzepter schwingen, haben Vater und Mutter Lyppens noch immer ein Auge auf den Betrieb. Sollte im Schaufenster ein Armband schief liegen, merkt das der alte Meneer Lyppens sofort. Egal, ob man nur einen kleinen Silberanhänger oder aber ein kostbares altes Schmuckstück erwerben möchte, bei Lyppens fühlt sich jeder Kunde wie ein König. Denn Lyppens ist der Juwelier für jedermann.

Adresse Langebrugsteeg 8, 1012 GB Amsterdam, Tel. 020/6270901, www.lyppens.nl, sales@lyppens.nl | **ÖPNV** Tram 4, 9, 16 und 24, Haltestelle Spui | **Öffnungszeiten** Mo 12.30 – 17.45 Uhr, Di – Fr 9 – 17.45 Uhr, Sa 9 – 16.45 Uhr

73_Marañon Hangmatten
Fröhliches Abhängen in der Hängematte

Für ein Geschäft voller bunter Hängematten kann man sich keinen besseren Ort vorstellen als den Amsterdamer Blumenmarkt am Singel, wo alles, was grünt und blüht, zum Kauf angeboten und in allen möglichen Sprachen verhandelt wird. Ebenso farbenfroh wie auf dem Markt mit Tausenden von Blumen geht es in dem Hängematten-Reich von Gilbert Stork zu. »Ich mache immer Dinge, die kein anderer macht«, verkündet er. Gemäß diesem Motto eröffnete er 1993 den ersten Laden der Niederlande mit Hängematten aller Art, zu dem seit einiger Zeit die ebenso bunte Tropical Fruit Bar gehört. Denn tropische Früchte, auch zu Saft gepresst oder in Form von Eis, passen perfekt zu der sonnigen Welt des faulenzenden Menschen in der Hängematte, meint der Geschäftsmann.

Gilbert Stork studierte zunächst Erwachsenenbildung in Amsterdam, brach jedoch kurz vor dem Examen ab, weil er zu der Überzeugung gelangte, mehr lernen zu können, wenn er die Welt mit eigenen Augen betrachtete. Seine erste Reise führte ihn nach Simbabwe, ein Land, in dem die Hängematte fester Bestandteil des Alltagslebens ist. Sein nächstes Reiseziel war Südamerika, wo er dann das wahre Paradies der Hängematte entdeckte. »In Ländern wie Argentinien und Kolumbien begegnet man der Hängematte auf Schritt und Tritt!«, erzählt Gilbert. Dort erwachte seine Passion für diese vielfältige Erfindung, ideal für das sorglose Faulenzen. Von dort stammt auch der größte Teil seines beeindruckenden Sortiments. Viele der Hängematten sind handgewebt aus Naturmaterialien wie Baumwolle und Palmenfasern. Wachsender Beliebtheit erfreuen sich die Baby-Hängematte und der »Hammock Chair«, ein hängender Stuhl, der ebenso wie die Hängematten allen erforderlichen Produktnormen entspricht. Zudem bietet Marañon das gesamte Zubehör wie Haken, Seile und Kissen an. Und natürlich werden dem Kunden nützliche Ratschläge mit auf den Weg gegeben.

Adresse Singel 488, 1017 AW Amsterdam, Tel. 020/6225938, www.maranon.com, hammocks@maranon.com | **ÖPNV** Tram 1, 2 und 5, Haltestelle Koningsplein | **Öffnungszeiten** Mo–Fr 10.30–17.15 Uhr, Sa 10–17.30 Uhr, So 10.30–17 Uhr

74_Meeuwig & Zn.

Experten nicht nur für Olivenöl

Dieses Geschäft gehört zu jenen, in denen man sich ewig umschauen kann und immer wissbegieriger wird. All die Olivenöle in den Metallkannen, woher stammen sie? Worin bestehen die Unterschiede? Welches eignet sich am besten zum Ausbacken? Was hat es mit den besonderen Essigsorten und den teils hausgemachten Vinaigretten auf sich? Und die gut und gerne 30 Sorten exquisiten Senfs, wo werden sie produziert, was unterscheidet sie voneinander? Auf all diese Fragen kennt Manfred Meeuwig die Antwort. Und sollte er passen müssen, dann weiß es bestimmt seine Frau Sayone Daan.

Als Meeuwig, eigentlich Koch, Foodstylist und Kochbuchautor, 1995 das Geschäft in der Haarlemmerstraat eröffnete, hatte Olivenöl noch nicht das Renommee, das es heutzutage genießt. Doch für ihn gehörte es schon als Koch zu den Lieblingszutaten, und er probierte so lange Öle aus, bis er für ein bestimmtes Gericht den passenden Geschmack gefunden hatte. So ist die Idee für seinen Laden entstanden. Zu Beginn hatte Meeuwig lediglich zwei Fässer spanischen Olivenöls aus Tarragona im Angebot. Inzwischen verkauft er im Jahr 60.000 Liter Öl von kleinen Bauern aus Frankreich, Spanien, Italien, Marokko, Griechenland und der Türkei. Er hat sie alle verkostet und weiß, wie sie schmecken müssen, denn seit einer Ausbildung bei einem italienischen Institut darf er sich offizieller Olivenölverkoster nennen. »Schmecke das frische Öl aus Kreta und du siehst den Salat mit Feta, Zwiebeln und Tomaten vor dir«, sagt er. »Das kräftigere südspanische Öl wiederum eignet sich ideal zu Chorizo und Serranoschinken. So produziert jedes Gebiet das Öl, das am besten zu seiner regionalen Küche passt.«

Bei Meeuwig kann man jede Öl- und Essigsorte probieren. Das gewünschte Öl wird aus den Kannen in Flaschen unterschiedlicher Größe abgefüllt. Dazu erhält man eine kleine Broschüre mit wissenswerten Informationen.

Adresse Haarlemmerstraat 70, 1013 ET Amsterdam, Tel. 020/6265286, www.meeuwig.nl, info@meeuwig.nl | **ÖPNV** vom Hauptbahnhof 8 Minuten Fußweg | **Öffnungszeiten** Mo–Fr 10.30–18 Uhr, Sa 10–17.30 Uhr

75_De Mof

Hose mit Tasche für Zollstock

Kugelleuchten aus Mattglas über der hölzernen Ladentheke, auf der eine alte Registrierkasse steht, dunkelbraune Wandregale, bestückt mit traditioneller Arbeitsbekleidung – bei De Mof fühlt man sich zurückversetzt in längst vergangene Zeiten. Hier findet man noch die echte Arbeitshose mit der seitlich angebrachten Tasche für den Zollstock: weiß für den Anstreicher, blau für den Klempner, beige für den Schreiner, grün für den Förster.

»1885 eröffnete der junge deutsche Immigrant Ferdinand Holzhaus hier seinen Laden für ›Arbeiterwaren und Leibwäsche‹«, erzählt Wilma Rietkamp, die dem Geschäft bereits seit 36 Jahren als Mitarbeiterin verbunden ist. »Von hier aus zog er mit einem Karren los, um vor allem die Hafenarbeiter mit Arbeitskleidung zu versorgen. Im Jordaan war er schon bald bekannt als ›de Mof‹, eigentlich ein Schimpfname für die Deutschen, aber in seinem Fall war es freundlich gemeint. Deshalb hat er sein Geschäft später ›De Mof‹ genannt.« Die dritte Generation der Familie Holzhaus übergab den Laden 1990 dem heutigen Inhaber, Ruud van Doorn. Anlässlich seines 125-jährigen Bestehens im Jahr 2010 erhielt De Mof die Auszeichnung als Hoflieferant.

Inzwischen gehören auch Jeans und Damenbekleidung zum Warenangebot, doch den Grundstock bildet nach wie vor solide Arbeitskleidung wie Overalls, Kittel, amerikanische Latzhosen und Kochjacken. Was die dicken bretonischen Fischerpullover betrifft, rät Wilma: »Nicht waschen, sondern einfach in den Nebel hängen, dann werden sie wieder sauber.« Auch klassische Unterwäsche ist hier erhältlich. »Ältere Kunden kommen extra mit dem Taxi zu uns, um sich ihre langen Unterhosen zu besorgen.« Und nicht zu vergessen der ganze Stolz von De Mof: die berühmte Jacke aus schwerem Manchesterstoff, einst getragen vom Kohlenhändler, Müllmann, Gärtner oder Lokführer. »Heute ist das eine Kultjacke«, sagt Wilma. »Auch Frauen kaufen sie gerne.«

Adresse Haarlemmerdijk 109, 1013 KD Amsterdam, Tel. 020/6231798, www.demofkleding.nl, info@demofkleding.nl | **ÖPNV** Tram 3, Haltestelle Haarlemmerplein; Bus 18, 21, 22, Haltestelle Haarlemmerplein | **Öffnungs-zeiten** Mo 13–18 Uhr, Di–Fr 10–18 Uhr, Sa 10–17 Uhr

76_Museumfoto
Verewigt als Porträt aus dem Rijksmuseum

Der kleine Laden an der Nieuwe Kerk, viele Jahre von einem Juwelier betrieben, hat 2015 eine neue Bestimmung erhalten. Das legendäre Häuschen wurde von Peter Smits in ein Fotostudio umgewandelt, das den Namen Museumfoto trägt. Damit stürzte er sich in ein neues Abenteuer, das seinen Anfang nahm, als er in einem lichten Moment beschloss, seinen Job bei einem Inkassobüro zu kündigen. »Nach 25 Jahren wollte ich etwas anderes machen«, erzählt er. »Zum Beispiel ein Café eröffnen.« Als eins von fünf Kindern einer typisch Amsterdamer Familie war er fröhliches Beisammensein gewohnt, und Gastfreundschaft liegt ihm im Blut. Außerdem hatte Peter schon länger die Fotografie als ernsthaftes Hobby betrieben. Seine Partnerin Britt van Dam hegte wiederum schon lange den Wunsch, einen Geschenkeladen zu eröffnen, während Peter mehr der Sinn nach einem Fotostudio stand. Sie kombinierten beides und gründeten an der Rozengracht »De Mengformule«. In Peters Fotostudio konnte man sich in täuschend echten Kostümen als Rijksmuseum-Porträt ablichten lassen. Zur Wahl standen unter anderem Vermeers »Das Mädchen mit dem Perlenohrgehänge« und »Dienstmagd mit Milchkrug«, »Der fröhliche Trinker« von Frans Hals sowie »Der Prinz von Oranien« nach dem berühmten Gemälde von Adriaen Thomasz Key.

Zwei Jahre später bekam er die Chance, in den Laden an der Nieuwe Kerk zu ziehen, um sich nun ganz auf die Fotografie zu konzentrieren. Einzelporträts sind ebenso möglich wie ein Gruppenfoto mit maximal sechs Personen in Kostümen. Inzwischen ist Peter an diesem geschichtsträchtigen Ort auch Kooperationen mit seinen Nachbarn eingegangen: So kann die Fotosession mit einem Umtrunk in der gegenüberliegenden historischen Kneipe »De Drie Fleschjes« verbunden werden. Und wer sich als Wilhelm II. und Maria Henrietta Stuart verewigen lässt, kann dazu eine Kutschfahrt über die Amsterdamer Grachten buchen.

Adresse Eggertstraat 2, 1012 NN Amsterdam, Tel. 06/29517295 und 06/54985103, www.museumfoto.amsterdam, info@museumfoto.amsterdam | **ÖPNV** jede Tram Richtung Dam, Haltestelle Dam | **Öffnungszeiten** Mo–Sa 11–17 Uhr, So 13–17 Uhr

77 Nan Wijnhandel

»Ich habe sie alle gekostet!«

Mit welchen Worten beschreibt man einen Wein? Nun, mal offenbart sich der Nase »eine Mischung aus Zitrus und weißen Blüten mit einem Anflug von Rauch«, mal »eine Kombination von Grapefruit und Stachelbeere« oder auch »frische Zitrone mit einem Hauch tropischer Früchte«. Dabei handelt es sich durchweg um denselben Weißwein, der den schönen Namen »Les Fumées Blanches« trägt. Wir haben diesen Sauvignon blanc, den ich als »ausgesprochen köstlich« bezeichnen würde, bei Freunden getrunken. Sie gaben uns die Adresse des Weinhändlers, der sie schon seit Jahren mit diesem »Papstwein« (wegen des weißen Rauchs im Namen) versorgt: Nan Wijnhandel. »Ria, Loek und Sjaak«, steht auf der Visitenkarte, denn Sjaak Nan führt das Geschäft mit seinem Schwager und seiner Schwägerin. Seine Frau arbeitet nicht mehr, nachdem sie 30 Jahre ein edles Delikatessengeschäft in der Cornelis Schuytstraat betrieben hat. »Meine Eltern hatten dort 1965 einen Milchladen eröffnet«, erzählt Sjaak. »Den haben wir übernommen und ein Feinkostgeschäft daraus gemacht. Doch 70, 80 Stunden in der Woche zu arbeiten, mit diesen leicht verderblichen Waren … Irgendwann wollte ich mein Leben verändern, und so habe ich 2001 mit dem Weinhandel angefangen. Als Fachhändler musste ich mir natürlich eine Menge Wissen aneignen. Nach wie vor lese ich jeden Tag, um die Trends zu kennen, die Angebote zu studieren und mein Wissen zu vertiefen.«

Sjaak Nan ist stolz auf seine reiche Auswahl an Weinen, die von der anspruchsvollen Kundschaft im Concertgebouw-Viertel gerne gekauft werden. »Man bekommt bei uns eine Sechs-Liter-Magnumflasche Rosé für 175 Euro, aber wir haben auch überraschend gute Weine im niedrigen Preissegment. Letztlich geht es darum, dass sie gut schmecken. Und das tun sie, ich habe sie alle gekostet. Der Name Nan stand schon immer für Qualität und persönliche Beratung, und das soll auch so bleiben.«

Adresse Valeriusstraat 88 (Ecke Emmastraat), 1071 MN Amsterdam, Tel. 020/6623897, www.nan-wijn.nl, info@nan-wijn.nl | **ÖPNV** Tram 16, Haltestelle Emmastraat | **Öffnungszeiten** Mo 14–18 Uhr, Di, Mi und Sa 10–18 Uhr, Do und Fr 10–19 Uhr

78_ Opsmuk

»Bei uns gibt es kein einziges Replikat!«

Es ist eine erstaunliche Sammlung antiker und alter Deko-Objekte, die Huberdien (genannt Saar) und Peter Bennink in ihrem Geschäft zusammengetragen haben. »Ich interessiere mich für vieles«, sagt Peter. »Das reicht von Gartenskulpturen aus dem 18. Jahrhundert bis zu Indianerschmuck aus dem Amazonasgebiet, vom Schreibtisch aus den 30er Jahren bis zu antikem Glas und Schmuck und allen möglichen anderen besonderen Objekten. Bei uns gibt es jedoch kein einziges Replikat!«

Die beiden Inhaber dieses Großhandels für »Qualitätsdekoration« hatten zuvor andere Berufe. Peter ist eigentlich Saxofonist, doch als er nach einem Unfall gezwungen war, auf andere Weise Geld zu verdienen, beschloss er, seine Sammelleidenschaft zum Beruf zu machen. Saar war Gartenarchitektin und entschied sich dafür, gemeinsam mit ihm den neuen Weg einzuschlagen. Was mit alten Gartenobjekten und anderen Dekorationselementen seinen Anfang nahm, ist in den letzten 25 Jahren zu dem heutigen Raritätenkabinett herangewachsen. »Dafür sind wir kreuz und quer durch Europa gereist«, erzählt Peter. »Zu Messen, Auktionen und Trödelmärkten in Frankreich, Italien, Spanien …«

An einer Wand hängt ein Bild, das die Blicke vieler Kunden auf sich zieht. Es zeigt eine füllige junge Frau, die ihre Röcke gehoben hat und frech nach hinten schauend ihren ausladenden Hintern vorstreckt. »Das ist La Fanny«, erklärt Peter. »Eine Kellnerin aus Lyon im 19. Jahrhundert, Mitglied eines Boulevereins. Wenn die gegnerische Mannschaft das Spiel 13:0 verloren hat, hat sie ihre Röcke hoch- und die Unterhose ausgezogen, und der Verlierer musste ihren Hintern küssen. Seitdem hat jeder südfranzösische Bouleclub sein eigenes Bild von La Fanny. Sie fehlt bei keinem Turnier, und wer 13:0 verliert, muss den Hintern auf dem Bild küssen. Das sind seltene Sammlerobjekte, aber ich habe noch ein paar davon.« Also auf nach Amsterdam zu Opsmuk!

Adresse Roelof Hartstraat 11 wk, 1071 VE Amsterdam, Tel. 020/4203116, www.opsmuk.nl, info@opsmuk.nl | **ÖPNV** Tram 3, 24, Haltestelle Roelof Hartplein | **Öffnungszeiten** Do – Sa 11 – 17 Uhr, besser nach Absprache

79__Pacomer traiteur

Das Köstlichste, was Spaniens Speisekammer
zu bieten hat

Die spanische Fahne flattert an der Fassade, eine Tafel mit einer Auflistung all dessen, was Pacomer zu bieten hat, kämpft mit dem holländischen Wind. Bereits seit gut 30 Jahren befindet sich hier ein Geschäft für spanische Produkte, doch erst 2011 erhielt dieses mediterrane Schlaraffenland seinen jetzigen Namen: Pacomer, eine Zusammensetzung aus dem Vornamen des Inhabers Francisco (Paco) Rodriguez und dem spanischen Wort für essen (comer). Um Letzteres dreht sich denn hier auch alles, die Auswahl ist groß: Manchego-Käse, diverse Schinken- und Wurstsorten, Stockfisch (Bacalao), verlockende Tapas, Hülsenfrüchte jeglicher Art, Oliven, zertifizierte Olivenöle und Essige, bunte Blechdosen mit geräuchertem Paprikapulver, Anchovis und andere Köstlichkeiten von spanischen Produzenten.

Als sechster Sohn einer sieben Kinder zählenden Familie wuchs Paco in Madrid auf, wo seine Eltern ein Speiselokal betrieben. »Bei uns hat jeder mitgeholfen. Und hier habe ich auch meine Leidenschaft fürs Kochen entdeckt«, erzählt er. Im Laden bereitet Paco wöchentlich wechselnde Gerichte zu wie Paella, Cocido madrileño (ein Eintopf mit Schweinefleisch und Gemüse) und Eintöpfe mit Kichererbsen oder Linsen. Man kann sie dort essen oder auch mitnehmen.

Es war Neugier, die Paco vor Jahren nach Amsterdam trieb, und die Liebe, die ihn bleiben ließ. Seiner Maria begegnete er in einer Tapasbar im Viertel Jordaan, wo er als Koch arbeitete. Als er 2011 das Geschäft in der Gerard Doustraat übernehmen konnte, ging sie mit ihm. Marias Eltern, der Vater Italiener, die Mutter Friesin, hatten ein italienisches Restaurant in Sneek, also war ihr die kulinarische Welt vertraut. »Am Anfang war es nicht leicht«, erinnert sie sich. »Wir mussten viel investieren, um das Angebot erweitern zu können. Wir haben es geschafft, doch Paco ist nach wie vor immer auf der Suche nach neuen spanischen Delikatessen.«

CHORIZO SABADIEGO
Chorizo gemixt met
bloedworst
€ 3,80 p/stuk

HUESO DE JAMÓN
Botstukken van de ham
€ 1,25 p/100g

Adresse Gerard Doustraat 66, 1072 VV Amsterdam, Tel. 020/4711323, www.pacomertraiteur.nl, info@pacomertraiteur.nl | **ÖPNV** Tram 16, 24, Haltestelle Albert Cuypstraat | **Öffnungszeiten** Mo 12–18 Uhr, Di–Sa 10–18 Uhr

80 De Pasteibakkerij

Fleisch- und Wurstwaren bester Herkunft

Schon beim Betrachten des Schaufensters läuft einem das Wasser im Munde zusammen: Terrine de campagne, Rillettes aus Wildgans, Boudin noir, Jambon persillé, geräucherte Kalbszunge, Knoblauchwurst, frische Salsiccia, Kalbsleberpastete, konfierte Entenkeulen, geräucherter Bauchspeck, Merguez, Frankfurter Würstchen. Fleisch- und Wurstwaren bester Herkunft, von Hand und mit viel Liebe von Diny Schouten und Floris Brester hergestellt. Drinnen herrscht große Betriebsamkeit. Floris ist vollauf beschäftigt mit den Salsiccia, Diny holt die Entenmägen aus dem Gänsefett, in dem sie stundenlang gegart wurden. Debby, die tageweise aushilft, ist mit der Zubereitung einer ihrer Spezialitäten beschäftigt: Kroketten aus Stockfisch.

2011 eröffneten Diny und Floris ihre Pasteibakkerij, nachdem sie nicht länger als Journalisten ihr Geld verdienen wollten. Diny hatte so lange über unsere Nahrungsmittelindustrie, vor allem über deren Missstände, geschrieben, dass sie es an der Zeit fand, selbst aktiv zu werden. In einer ehemaligen Metzgerei begann sie mit der Herstellung von Pasteten aus dem Fleisch von Freilandschweinen. Schon bald machte sie als Pastetenbäckerin von sich reden und gewann in Floris Brester, der nicht nur als Journalist, sondern auch Koch gearbeitet hatte, einen Mitstreiter. Sie experimentierten mit gewagten Kombinationen, suchten neue Lieferanten und ein neues Ladenlokal für ihr vielfältiges Angebot. So eröffneten sie die Pasteibakkerij, deren allseits geschätzte Produkte inzwischen auch an 15 Restaurants und Feinkostgeschäfte geliefert werden.

Diny widmet sich weiterhin mit Begeisterung der Pastete, Floris ist für die Würste und das Räuchern verantwortlich. »Wir verkaufen nur Produkte, die glücklich machen«, sagt Diny. »Die einfachsten Dinge: frisch geräucherter Speck, Entenleberterrine, täglich frische Eier, Rohmilchbutter, das lässt doch bei jedem Freude aufkommen!«

Adresse Hoendiepstraat 2, 1079 LT Amsterdam, Tel. 06/53475512 oder 06/81120032, www.depasteibakkerij.nl, info@depasteibakkerij.nl | **ÖPNV** Tram 12, Haltestelle Amsteldijk | **Öffnungszeiten** Fr 10–18.30 Uhr, Sa 10–16.30 Uhr, Bestellungen täglich abholbar

81__Perdu

Gedichte über Gedichte

Poesie wird die Welt nicht retten können, doch sie kann uns dazu anregen, die Welt mit anderen Augen zu sehen. Wenn man gerne Gedichte lesen möchte, auch ohne Ahnung von Poesie zu haben, ist man bei Perdu an der richtigen Adresse. In diesem von kundigen Mitarbeitern geführten Geschäft gibt es so ziemlich alles, was jemals in der Gattung Lyrik erschienen ist. Gegründet wurde die besondere Buchhandlung 1984 von einigen Literaturfreunden unter dem Namen »De Verloren Tijd« in der Gerard Doustraat, schon bald ein beliebter Treffpunkt für Schriftsteller und Leser.

1996 zog das inzwischen in Perdu umbenannte Geschäft an den heutigen Standort am Kloveniersburgwal und wurde einer Literaturstiftung angegliedert. Zudem gründete Perdu einen eigenen Verlag und bekam einen Theatersaal zur Verfügung gestellt. Das Perdu Theater organisiert Literaturveranstaltungen, zum Beispiel »Perdu liest langsam«, bei denen neu erschienene Gedichtbände vorgestellt werden, und bietet Dichtern, die noch nicht debütiert haben, eine Bühne.

Doch das Hauptaugenmerk gilt nach wie vor dem Laden, in dem man neben dem nahezu unüberschaubaren Angebot an neuen und antiquarischen Lyrikbänden nicht nur Literaturzeitschriften sowie theoretische Werke über Poesie findet, sondern auch Postkarten, Plakate und Poster. Zu den Stammkunden gehören außer Lyrik-Fans auch Schriftsteller und Dichter. Ausländische Touristen, die in diesen Laden geraten, entdecken manchmal zu ihrer Überraschung das Buch eines Dichters aus ihrer Heimat, sei es als Original oder Übersetzung. Das Antiquariat besteht größtenteils aus Schenkungen, auch solchen bekannter niederländischer Dichter. Das Credo von Perdu lautet: »Die Diskussion über Literatur anregen, unter besonderer Berücksichtigung der Lyrik und jener Literatur, die in den Randgebieten der Kulturlandschaft angesiedelt ist.« Und das gelingt ihnen hervorragend.

Adresse Kloveniersburgwal 86, 1012 CZ Amsterdam, Tel. 020/4220542, Perdu Theater, Tel. 020/6276295, www.boekhandelperdu.nl, boekhandel@perdu.nl | **ÖPNV** Tram 4, 9, 14, 16, 24, Haltestelle Muntplein | **Öffnungszeiten** Mo – Fr 13 – 18 Uhr, Sa 13 – 17 Uhr

82 Pied à Terre
Die ganze Welt in einem Theater

»Die ganze Welt ist Bühne« – so lautet ein bekanntes Zitat aus der Feder von William Shakespeare. Bei Pied à Terre heißt es »Bühne frei für die Welt«, denn in dem ehemaligen Theater am Overtoom steht der Globus in jeglicher Form und Größe im Mittelpunkt. Wer also Pied à Terre einen Besuch abstattet, hat mit einem Blick die ganze Welt vor sich. Möchten Sie Australien mit dem Rad erkunden, die Berge der Anden besteigen, nach Jerusalem pilgern, Vögel in Island beobachten, im Roten Meer schnorcheln, auf dem Motorrad durch Afrika fahren? Sind die Kinder dabei, reisen Sie mit Hund, suchen Sie eine Trauminsel für die Flitterwochen? Hier finden Sie alles, was Sie über Ihr Reiseziel wissen möchten. Von Reiseführern bis zu Straßenkarten, Stadtplänen, Auto-, Fahrrad-, Kanu-, Wander- und Flugkarten. Es gibt keinen Ort auf der Welt, von dem Pied à Terre keine Karte hat.

Gründer dieses Mekkas für Reisende ist Richard Tummers, der zuvor einen Bücherstand im Oudemanhuispoort betrieb. Dank einer schicksalhaften Begegnung in seiner Stammkneipe Hoppe konnte er ein Ladenlokal am Singel mieten, in dem er für seine Sammlung geografischer Bücher ein angemessenes Ambiente fand. Da in den frühen 70er Jahren noch nicht so viel gereist wurde, beschränkte sich das Angebot zu Beginn auf Straßenkarten und die Standardreiseführer von Michelin und Baedeker.

Nachdem das Sortiment enorm erweitert wurde und das Geschäft zweimal den Standort gewechselt hatte, bekam Pied à Terre einen neuen Inhaber. 2007 bezog man das heutige Ladenlokal mit Theatervergangenheit. Ein Café kam hinzu, in dem sich Reiselustige in aller Ruhe in ihre Lektüre vertiefen können, außerdem eine Spielecke für Kinder und eine Auswahl an Artikeln rund ums Thema Reisen. Für Besucher von Amsterdam hat Pied à Terre einen neuen Stadtplan gemacht, auf dem der Dam, der zentrale Hauptplatz, endlich im Mittelpunkt liegt!

Adresse Overtoom 135, 1054 HG Amsterdam, Tel. 020/6274455, www.piedaterre.nl, info@piedaterre.nl | **ÖPNV** Tram 1, Haltestelle Eerste Constantijn Huygensstraat; Tram 3, Haltestelle Overtoom | **Öffnungszeiten** Mo 13–18 Uhr, Di, Mi und Fr 10–18 Uhr, Do 10–21 Uhr, Sa 10–17 Uhr

83__Pols Potten

Niederländisches Design mit spektakulärer Aussicht

Ein riesiges Sortiment an Möbeln, Leuchtobjekten, Glas und Keramik, stilvoll arrangiert in einer weitläufigen Lagerhalle: Das ist Pols Potten. Der Name ist längst ein Begriff geworden, doch kaum noch jemand erinnert sich an den Mann, der dieses einzigartige niederländische Designlabel aus der Taufe gehoben hat. Erik Pol eröffnete 1986 in der Herenstraat ein Geschäft mit spanischer Töpferware.

Schon bald wurde der Raum zu klein für sein immer größer werdendes Sortiment an Schalen und Schüsseln. So gründete er einen Großhandel außerhalb der Stadt in Aalsmeer und verkaufte von dort aus die handgefertigte Ware. Auf seinen Einkaufsreisen kam Erik Pol auf die Idee, dass er doch auch selbst, unter eigenem Namen, Entwürfe machen könnte. Auf der Suche nach einem geeigneten Raum in Amsterdam wurde er in dem seinerzeit noch kaum erschlossenen östlichen Hafengebiet fündig, dem einstigen Standort der KNSM-Reederei. Dort eröffnete er 1997 sein Geschäft, das direkt am Ufer des IJ liegt. Die Aussicht ist ebenso spektakulär wie das, was man im Inneren zu sehen bekommt.

Unter eigenem Label stellt Pols Potten inzwischen Hunderte von Produkten her, die in 80 Länder exportiert werden. Dazu gehören Stühle, große und kleine Tische, Hocker, Lampen, Teppiche sowie Glas- und Keramikobjekte, unter anderem die berühmten Vasen. Pols Potten kooperiert mit Keramikern, bekannten und jungen Designern, von denen einige an der Rietfeld-Akademie studiert haben, und lädt Künstler ein, ihre Werke auszustellen.

Sortiment und Einrichtung ändern sich in regelmäßigen Abständen. Erik Pol lebt schon seit Jahren im Senegal, doch er entwirft noch immer für das Label, vor allem Hocker und kleine Tische aus Holz, inspiriert von der Kunst seiner neuen Heimat. Alle anderen Produkte, die man bei Pols Potten kaufen kann, zeugen unverkennbar von ihrer niederländischen Herkunft.

Adresse KNSM-laan 39, 1019 LA Amsterdam, Tel. 020/4193541, www.polspotten.nl, winkel@polspotten.nl | **ÖPNV** Tram 10, Haltestelle Azartplein | **Öffnungszeiten** Di – Sa 10 – 18 Uhr, So 12 – 17 Uhr

84__ De Posthumuswinkel
Mit Brief und Siegel

Einst war Posthumus, das größte Spezialgeschäft für Siegelstempel, bekannt als »Maison de Gravure«, doch da schrieb man das Jahr 1865, als die feine Gesellschaft Amsterdams noch Französisch sprach. Stempel boten eine gute Einkommensquelle, da zu jener Zeit jedes Dokument von gewisser Bedeutung mit einem Siegel versehen wurde. Der Posthumuswinkel befindet sich in zwei historischen Häusern, die zum Gebäudekomplex des Amsterdam Museum gehören. Auf der Türstufe sieht man die Initialen des Gründers, Graveur Daniel Posthumus, und über dem Eingang hängt das Schild mit der Auszeichnung Hoflieferant, 1920 von Königin Wilhelmina den Söhnen Posthumus verliehen, »nachdem sie in die Schmuckhalfter der Pferde des Königlichen Hauses das königliche Wappen graviert hatten«.

Nach wie vor schmückt eine riesige Hand, die einen Stempel hält, die Fassade. Im Inneren früher eher düster, hat das Geschäft einen grundlegenden Wandel erfahren, seit es 2005 von Peter Breurken und seiner Frau Nathalie übernommen wurde. Trotz des inzwischen enorm erweiterten Angebots bilden die althergebrachten Siegelstempel noch immer die Hauptattraktion: Stempel mit Monogramm oder Initialen und die dazugehörigen Siegellackstangen in vielen Farbtönen. Bekannte Niederländer ließen hier ihren Namen oder ihre Signatur in einen Stempel gravieren. Es gibt auch Brandstempel für die Kennzeichnung von Holz, Leder, Gummi und Kunststoff, Firmen-, Blinddruck- und Hobbystempel.

Ebenso stolz ist Peter Breurken auf die wunderschönen Druckerzeugnisse, wie Hochzeitsankündigungen und Geburtsanzeigen, und sein Sortiment an handgeschöpftem italienischen Papier. »Es kommt wieder in Mode, mit der Hand zu schreiben«, meint er. »Die Leute sind diese in aller Eile verfassten E-Mails etwas leid geworden. Und was gibt es Schöneres als einen von Hand geschriebenen Brief, verschickt in einem Umschlag mit persönlichem Siegel?«

Adresse Sint Luciënsteeg 23–25, 1012 PM Amsterdam, Tel. 020/6255812, www.posthumuswinkel.nl, info@posthumuswinkel.nl | **ÖPNV** Tram 1, 2, 5, Haltestelle Spui | **Öffnungszeiten** Di–Fr 9–17 Uhr, Sa 11–17 Uhr

85 Quick Lijsten

Der passende Rahmen für jedes Bild

Vor vielen Jahren habe ich hier an diesem Ort gerne Mal- und Zeichenzubehör für mein Lieblingshobby erworben. Cor und Mary Niekel standen einem mit Rat und Tat zur Seite und erfüllten jeden Kundenwunsch. Tochter Kim half damals im Geschäft und hin und wieder auch in der benachbarten Rahmenwerkstatt aus. Als der Inhaber 2000 schließen wollte, übernahm Kim den Laden. Partner ist ihr Bruder Job, der zuvor in der IT-Branche tätig war. Den Namen Quick Lijsten haben sie wegen seiner Bekanntheit beibehalten, suchen jedoch noch immer nach etwas, das origineller klingt. Ein Jahr lang besuchten die beiden diverse Ausbildungskurse, bis sie den Eindruck hatten, alle Facetten des Bilderrahmenhandwerks zu beherrschen. »Am Anfang haben wir nur Aufträge angenommen, die wir auch wirklich ausführen konnten«, sagt Kim. »Nun kennen wir das Handwerk in- und auswendig.«

Die große Veränderung kam, als Cor und Mary 2010 in Rente gingen. Zu Schleuderpreisen verkauften sie die letzten Farbtuben, Pinsel und Zeichenblöcke, um Platz zu machen für die Bilderrahmenhandlung ihrer Kinder. Nun hängen die Wände der Ladenwerkstatt voller Rahmen in zahllosen Farben, angeordnet in wunderschönen geometrischen Mustern.

Kim ist im Gespräch mit einem Kunden, der einen Rahmen für sein Bild sucht. »Manche Einrahmer drängen den Kunden ihren eigenen Geschmack auf«, sagt Job. »Wir lassen jedem die Freiheit, selbst zu entscheiden. Geschmäcker sind nun einmal verschieden.« Und Kim ergänzt: »Was mir an diesem Beruf gefällt, ist die Kreativität und dass man gemeinsam mit dem Kunden überlegt, was für ihn am besten passt.« Beide lieben die Vielfalt ihrer Tätigkeiten, ob sie nun Bilder einrahmen, Passepartouts zuschneiden, Leinwände spannen, ein Gemälde reinigen oder Aufhängsysteme austüfteln. Sie fühlen sich zu Hause in ihrer Ladenwerkstatt, jeder an seinem eigenen Tisch. Der von Kim ist etwas niedriger.

Adresse Ceintuurbaan 200, 1072 GC Amsterdam, Tel. 020/6795540, www.quicklijsten.nl, info@quicklijsten.nl | **ÖPNV** Tram 3, 12, Haltestelle Ferdinand Bolstraat | **Öffnungszeiten** Di–Fr 10–17.30 Uhr, Sa 10–17 Uhr

86__Retro & Chic
Eine Schatztruhe für Mutter und Tochter

Es gibt diese Läden, in denen man sich, kaum hat man die Türschwelle überschritten, sofort wohlfühlt, die zum Herumstöbern einladen und Kauflust wecken. Solch ein Laden ist Retro & Chic in der Staalstraat.

Wenn es nicht regnet, steht ein alter Stuhl draußen, darauf ein Paar atemberaubend schöne Schuhe, ein Festkleid elegant darüber drapiert. Nicht nur um Kunden anzulocken, »sondern aus purer Not«, sagt Kim Laura de Jong. »Sonst würde es hier drinnen viel zu eng werden!« Zugegeben, viel mehr als 25 Quadratmeter stehen ihr nicht zur Verfügung, doch diesen beschränkten Raum nutzt sie ebenso einfallsreich wie effizient.

Zehn Jahre ist es her, dass für Kims Mutter, Hanny Donker, ein lang gehegter Wunsch in Erfüllung ging. Endlich konnte sie für die riesige Sammlung von alten Kleidungsstücken und Antiquitäten, die sie und ihr Mann im Laufe der Zeit erworben hatten, im Herzen von Amsterdam ein Geschäft eröffnen. Damenwäsche, Kleider, Jacken, Schuhe, Puppen und Spielzeug, Taschen, Hüte und anderes aus der Zeit von 1850 bis 1970, all das konnte nun verkauft werden. Kim, die die Leidenschaft ihrer Mutter teilte und ihr von klein auf geholfen hatte, wurde ihre Geschäftspartnerin. Gemeinsam begeben sie sich vor allem in Frankreich und Belgien auf die Suche nach allem, was in ihre Schatztruhe passt. Einzige Bedingung: Es muss in makellosem Zustand sein. »Früher kaufte man eine Jacke für die ganze Saison«, sagt Kim, »deshalb war sie von bester Qualität. Und da in der Mode alles regelmäßig zurückkehrt, wird solch eine Jacke von selbst wieder modern.«

Hier findet man für jeden Geldbeutel etwas, sei es ein Karussell aus dem Jahr 1880, ein Rasierset aus den 20er Jahren oder kaum getragene italienische Schuhe. Das Unternehmen von Mutter und Tochter ist so erfolgreich, dass sie inzwischen ein zweites Geschäft in Maastricht eröffnen konnten.

Adresse Staalstraat 2, 1011 JL Amsterdam, Tel. 06/24933682 (Kim), 06/42808455 (Hanny), 1953retroenchic@kpnplanet.nl | **ÖPNV** Metro 53, 54, Haltestelle Waterlooplein | **Öffnungszeiten** Mo 12–18.30 Uhr, Di–Sa 11–18.30 Uhr, So 12–18.30 Uhr

87__Rodolfo's Skateshop
Sport trifft auf Design

Da ich kein Skater bin, hatte ich mich mit dem Phänomen Skateboard nie näher beschäftigt. Das änderte sich schlagartig, als ich bei Rodolfo's, dem ältesten Skateshop Europas, die Wände voller farbiger Boards sah. Ein jedes kunstvoll gefertigt aus kanadischem Ahornholz in modernem Design. So überraschte es mich auch nicht, dass das Skateboard längst nicht mehr einzig dazu dient, halsbrecherische Touren zu unternehmen, sondern auch als Wandschmuck, Obstschale oder Sammlerobjekt erworben wird.

Es war der Gründer und Namensgeber von Rodolfo's, der 1978 in den Niederlanden das Skaten bekannt machte. Als Inhaber eines Geschäfts für Motorradbekleidung besuchte er eine Messe in Amerika, auf der er zum ersten Mal Skateboards und Rollerskates sah. Er nahm einige mit und bot sie in einer kleinen Ecke seines Ladens zum Kauf an. Aus dieser kleinen Ecke wurde das bekannteste Spezialgeschäft seiner Branche. Ursprünglich mit Sitz am Weesperplein, zog Rodolfo's 2013 mit seinem neuen Inhaber Iwan Kútin in die Van Woustraat. Hier gibt es alles für skatende und rollende Kunden: Skate- und Longboards, Rollerskates, Schuhe, Mützen, Caps sowie Zubehör aller Art. Und sollte etwas kaputtgehen, wird es bei Rodolfo's repariert.

»Skaten ist ein Sport für jüngere Leute«, erzählt Iwan. »Die meisten Skater sind zwischen 10 und 25 Jahre alt, zumeist Jungen, vereinzelt auch Mädchen. Für viele ist der Skateshop ein Treffpunkt. Schüler kommen in den Freistunden her, deponieren ihre Taschen und holen sie nach einer Runde Skaten wieder ab. Skaten ist absolut angesagt und inzwischen als Sportart etabliert. Vor zehn Jahren wurde man noch ausgelacht, wenn man zum Skate-Unterricht ging. Das hat sich komplett verändert. Skaten ist gut für die körperliche Entwicklung, man kann sich total auspowern.« Gefördert wird dieser Sport übrigens auch von der Stadt, die in fast allen Vierteln Skaterbahnen anlegen ließ.

Adresse Van Woustraat 44, 1073 LM Amsterdam, Tel. 020/6225488, www.rodolfos.nl,
rodolfos@rodolfos.nl | **ÖPNV** Tram 4, Haltestelle Stadhouderskade | **Öffnungszeiten**
Mo 12–18 Uhr, Di–Sa 10–18 Uhr

88__Sans L'eau

Fast noch echter als echt

Sans L'eau – ohne Wasser? Ein faszinierender Name, den man erst versteht, wenn man vor diesem Meer aus künstlichen Blumen steht: Orchideen, Kornblumen, Klatschmohn, Sonnenblumen und Rittersporn, Tulpen, Narzissen und zahllose Rosensorten, deren Duft tatsächlich den Laden erfüllt. »Ich versprühe immer etwas Rosenduft, um eine stimmungsvolle Atmosphäre zu erschaffen«, verrät Inhaberin Alexandra Ahling. »Die künstliche Blume hat ihren Ursprung in der Haute Couture. So verarbeitete eine Modeschöpferin wie Coco Chanel gerne Seidenblumen in ihren Korsagen. Irgendwann später kamen Blumen mit Stiel auf. Man begann andere Materialien zu verwenden, denn Seide eignet sich nicht für alle Blumen und ist zudem nicht lange haltbar. Manchmal wird das Blatt oder die Blüte verstärkt, damit sie sich naturgetreuer anfühlen. Was das betrifft, stelle ich hohe Ansprüche.« Deshalb ist Alexandra die Bezeichnung »naturgetreu« auch lieber als »nachgemacht«. »Und langlebig sind sie, was man von frischen Blumen nicht gerade behaupten kann!«

Alexandra war viele Jahre im Gesundheitswesen beschäftigt, bis sie beschloss, andere berufliche Wege zu gehen. Da sie schon immer ein Faible für Glaswaren und schöne Vasen hatte, absolvierte sie eine Ausbildung als Floristin. Mit Erfolg, denn Alexandra bindet die schönsten Blumensträuße.

»Es gibt Kunden, die mit ihrer Vase in den Laden kommen, um sie von mir bestücken zu lassen«, erzählt sie. »Manchmal sind das unglaublich monströse Vasen, doch es gelingt mir immer, ein passendes Gebinde zusammenzustellen.« Diese Dienstleistung bietet sie auch für Firmen an. Am liebsten arbeitet sie vor Ort, damit sie die Atmosphäre spüren kann. Und wenn jemand im Rijksmuseum ein Stillleben mit Blumen gesehen und fotografiert hat, fertigt sie für ihn eine perfekte Nachbildung des Straußes an. Und ihre Lieblingsblume? Alexandra muss nicht lange überlegen. »Die Tulpe.«

Adresse Overtoom 167a, 1054 HG Amsterdam, Tel. 06/51131093, www.sansleau.com, info@sansleau.com | **ÖPNV** Tram 1, Haltestelle Eerste Constantijn Huygensstraat | **Öffnungszeiten** Mo und Di nach Absprache, Mi−So 12−18 Uhr

89_ La Savonnerie

Duftende Seife für alle Völker der Erde

Ein kleines Juwel mitten im Viertel Jordaan. Während draußen die Welt garstig ist, herrscht drinnen eine friedliche, von Düften erfüllte Atmosphäre. Im Mittelpunkt der 1996 von Turid Nilsen gegründeten Savonnerie steht, wie der Name schon sagt, Seife. Die gebürtige Norwegerin beschäftigte sich beruflich zunächst mit Textilstoffen, bis sie eines Tages einem Seifenmacher bei der Arbeit zusah. Ein ausgeprägtes Gefühl für Farben besaß sie bereits, nun wollte sie sich auch ein profundes Wissen über Düfte aneignen. Nilsen absolvierte einen Kurs im südfranzösischen Grasse, dem Zentrum der Parfümindustrie, und stellt nun in ihrem Geschäft etwa 40 farbige Seifensorten her. Jede von ihnen hat einen anderen Duft und kann mit persönlichem Aufdruck versehen werden. Die Seife wird auf natürlicher Basis mit pflanzlichen Ölen produziert und ist auch für sensible Hauttypen geeignet.

Die Kunden des Seifenladens stammen aus allen Teilen der Welt, wobei jedes Land seine eigenen Vorlieben zu haben scheint. Amerikaner wählen süßliche Düfte wie Vanille, Pfirsich und Aprikose, Engländer lieben Blumen und bevorzugen Jasmin, Kamelie und Lavendel, während Japaner auf Rose stehen und Deutsche ungeachtet des Dufts auf die Farbe Blau. Und die Niederländer? »Meistens Lavendel«, verrät Nilsen, deren eigener Lieblingsduft Mimose ist. Ihre Landsleute, die Norweger, verwenden nur Seife in flüssiger Form wie Duschgel und Badeschaum.

Da die Savonnerie mit dem Verkauf von ausschließlich Seifen nicht existieren könnte, gibt es zudem eine breite Auswahl an Badartikeln: Eau de Toilette, Raumsprays, Handtücher, Kulturbeuteln, Seifenschalen aus Keramik und eine Herrenlinie, zu der Rasierpinsel und -seife sowie das Eau de Cologne »1869« des italienischen Familienbetriebs Acca Kappa gehören. Und in einer reizenden Ecke für Babys findet man lustige Stofftiere, kuschelweiche Pantöffelchen und natürlich Babyseifen!

Adresse Prinsengracht 294, 1016 HJ Amsterdam, Tel. 020/4281139, www.savonnerie.nl, info@savonnerie.nl | **ÖPNV** Tram 7, 10, 17, Haltestelle Elandsgracht | **Öffnungszeiten** Mo−Sa 10−18 Uhr

BATHROOM

SALLE DE BAINS

90__ Schaak & Gowinkel
Het Paard

Alles für den Spieler

Wer gerne spielt, wähnt sich hier im Paradies. Regale voller Brett-, Karten- und Glücksspiele, Schachbretter, Puzzles aus Holz und Metall, um nur einige der Produkte aufzuzählen. Gegründet wurde das Geschäft von Marianne Diederen und Peter Zandveld, die eine gemeinsame Leidenschaft verband: das Go-Spiel. Um ihm die gebührende Anerkennung zu verschaffen, mieteten die beiden ein Ladenlokal am Haarlemmerdijk. Nach der Geburt ihrer Tochter Marieke, die inzwischen Teilhaberin ist, gab Marianne ihre Arbeit in der Krankenpflege auf, um sich ganz ihrem Hobby zu widmen. »Doch ich wollte nicht nur Verkäuferin sein, sondern auch Chef«, erzählt sie. Ihr Wunsch ging in Erfüllung. Bestand das Angebot in den ersten Jahren vor allem aus Go- und Schachspielen sowie Fachliteratur, wurde es später nach und nach ausgebaut. Hinzu kamen Denkspiele, eine eigene Bridge-Abteilung und eine breite Auswahl an Brett- und Kartenspielen. Inzwischen findet man hier nahezu alles, was es im Bereich Gesellschaftsspiele und Denksport auf dem Markt gibt.

»Ich liebe Spielen«, sagt Marianne, »und die Spieler. Eine Eigenschaft des echten Spielers besteht darin, dass er gewinnen will. Es geht um einen Wettkampf, bei dem man auch mal böse werden darf, aber nur kurz. Man muss selbstständig handeln können, Menschenkenntnis besitzen und praktisch veranlagt sein. Kunden, die eigentlich nicht gerne spielen, aber trotzdem etwas bei uns kaufen möchten, rate ich zu einem Spiel wie ›Zug um Zug‹ oder ›Die Siedler von Catan‹. Wir kennen uns inzwischen so gut aus, dass wir jedem etwas Passendes empfehlen können. Die Voraussetzung für ein gutes Spiel ist ein klar erkennbarer Rahmen, innerhalb dessen man bleiben muss. Das hilft Kindern, auf kreative Weise zu lernen, wie man mit Regeln umgeht, die von anderen festgelegt worden sind. Mit einem guten Spiel können sie sogar auf spielerische Art Rechnen lernen!«

Adresse Haarlemmerdijk 173, 1013 KH Amsterdam, Tel. 020/6241171, www.schaakengo.nl, info@schaakengo.nl | **ÖPNV** ab Hauptbahnhof Bus 18, 21, 22, Haltestelle Haarlemmerplein | **Öffnungszeiten** Mo 13–18 Uhr, Di–Sa 10–18 Uhr, Do bis 20 Uhr

91 Schiffmacher & Veldhoen Tattooing

Der ungekrönte König der Tätowierer

»Home of the original Hanky Panky«, steht auf dem Schaufenster dieser Pilgerstätte für Tattoo-Fans. Hanky Panky ist der Spitzname von Henk Schiffmacher, dem ungekrönten König der Tätowierer. Gemeinsam mit seinem Kronprinzen, Tycho Veldhoen, und den Kollegen Rupa, Fabio, Timothy, Yush sowie seiner Tochter Morrison schmückt er die Haut der Kunden mit wahren Kunstwerken. An den Wänden seines Tattooshops hängen farbenfrohe Bilder und Masken, auf Regalbrettern stehen Bücher.

Während er sich an der Schulter eines Seemanns zu schaffen macht, erzählt Schiffmacher, wie er zu seinem Beruf gekommen ist. »Ich war Fotograf, und zu den Motiven, die mich besonders interessierten, gehörten die Hells Angels mit ihren Tätowierungen. All diese Bilder gefielen mir. Ich begann darüber zu lesen, korrespondierte mit Tätowierern in anderen Ländern und kaufte die nötige Ausrüstung. Doch angefangen habe ich erst in den 70er Jahren, als die amerikanische Marine hier in der Stadt war. An nur einem Wochenende habe ich die ganzen Jungs von der US Navy tätowiert. Wir waren alle total stoned, aber die Ergebnisse sind sehr schön geworden.« 1978 ließ sich Schiffmacher bei der Handelskammer eintragen und startete seine beeindruckende Karriere.

Inzwischen ist er eine lebende Legende und reist in Begleitung von Tycho durch die ganze Welt, um Vorträge zu halten und sein Können zu demonstrieren. »Tattoos sind hot«, sagt er. »Schon seit Jahren lassen sich Modedesigner von unserer Kunst inspirieren. Leider sind wirklich gute Tätowierer noch immer eine Seltenheit. Es gibt keine Ausbildung, man erhält problemlos eine Konzession, was zur Folge hat, dass eine Menge Pfuscher am Werk sind.« Henk und seine Leute gehören ganz sicher nicht dazu. Im faszinierenden Reich der Tattoos sind sie virtuose Künstler, die Bilder auf die Haut zaubern.

Adresse Ceintuurbaan 416, 1074 EA Amsterdam, Tel. 020/4705578, www.tattooing.nl, info@tattooing.nl | **ÖPNV** Tram 3, Haltestelle Van Woustraat; Tram 4, Haltestelle Ceintuurbaan | **Öffnungszeiten** Di–So 11–19 Uhr, Do und Fr 11–21 Uhr

92__Shellman

Kunst aus den Tiefen der Weltmeere

Von dem, was sich hinter der unscheinbaren Ladenfront zuträgt, kann man draußen kaum etwas erahnen. Hier ist Niels van Alphen alias Shellman voller Begeisterung damit beschäftigt, Vasen, Blumentöpfe, Kerzenständer, Lampen und vor allem Spiegel mit Tausenden von Muscheln in märchenhafte Kunstwerke zu verwandeln. Die Geschichte von seinem Leben als Shellman klingt nicht weniger märchenhaft.

Im Jahr 2004, nicht einmal 20 Jahre alt, beschloss er, sein Studium abzubrechen und durch die Welt zu reisen. Das erste Ziel war Australien. »In Sydney begegnete ich durch einen Zufall dem Galeristen Paul Bruce, einem bekannten Künstler, der aus Muscheln, Steinen, Korallen und Holz wunderbare Objekte fertigte. Das faszinierte mich, und so bot ich ihm meine Hilfe an. Zwar hatte ich wenig Ahnung von Kunst, wohl aber von Muscheln, weil ich am Meer aufgewachsen bin. Schließlich habe ich drei Jahre bei ihm gearbeitet, alles über die Muschelkunst gelernt und festgestellt, dass ich ein Gefühl für Design habe. Als Paul Bruce starb, hinterließ er mir alles: seine Muscheln, seine Werkzeuge und den Namen Shellman. Da stand ich nun, 22 Jahre alt, mit einem gewichtigen Erbe und Kartons voller Muscheln. Da ich nicht genug Geld hatte, um dort zu bleiben, bin ich mit einem vollgeladenen Container in die Niederlande zurückgekehrt und habe mich hier wieder an die Arbeit gemacht. Muscheln sind eine weltweite Handelsware. Es gibt etwa 121.000 Arten. Sie kommen aus Tahiti, Indonesien, den Vereinigten Staaten oder Brasilien. Ich sammle auch selbst an den niederländischen Stränden: Schwertmuscheln, ›Sanddollars‹, Klaffmuscheln, Herzmuscheln, Austern. Mit allen kann man wunderbar arbeiten.«

Seit einiger Zeit hat Niels eine eigene Galerie in Haarlem, veranstaltet Workshops und bekommt Aufträge aus dem In- und Ausland. In seiner Ladenwerkstatt am Overtoom sind Besucher jederzeit willkommen.

Adresse Overtoom 479, 1054 LE Amsterdam, Tel. 020/7520030, www.shellman.eu, info@shellman.eu | **ÖPNV** Tram 1, Haltestelle Overtoomsesluis | **Öffnungszeiten** Mo–So 9–21 Uhr

93__Smit-Cruyff

Sportliche Kunden mit Sinn für Nostalgie

»Smit-Cruyff, Sportspecialisten«, prangt auf der Fassade eines der bekanntesten Sportfachgeschäfte Amsterdams. 1940 gegründet von dem seligen Meneer Smit, ist es bekannt in allen Sportlerkreisen der Stadt. Meneer Smit war Schuster, Lieferant von Sportartikeln und gern gesehener Gast beim Fußballclub Ajax, als die Brüder Cruyff noch in der Jugendmannschaft spielten. Jeder im Geschäft nannte ihn »Meneer Smit«. Auch die heutigen Inhaber, Rob van der Straeten und Guno Reingoud, kennen nicht den Vornamen des berühmten Herrn. 1968 übernahm Hennie Cruyff den Laden, der seitdem unter dem Namen Smit-Cruyff firmiert. Auf alten Schwarz-Weiß-Fotografien an der Wand sieht man, dass sich auch Bruder Johan, »Europas Fußballer des Jahrhunderts«, nicht zu schade war, hin und wieder auszuhelfen.

Van der Straeten und Reingoud, die damals als blutjunge Praktikanten begonnen hatten, lösten 1998 Hennie ab und sind ihm dankbar, dass sie den berühmten Namen weiterführen dürfen. Mit viel Sinn für Tradition bewahrten sie die nostalgische Atmosphäre des Geschäfts und ließen alles so, wie es war. Ein proppenvolles Lager mit allem, was man für Fußball, Laufen, Fitness und Hockey braucht: Trikots diverser Vereine, Knieschützer, Strümpfe, Taschen, Tischtennis- und andere Bälle, Hockeyschläger und Turnschuhe. Neben der Treppe steht ein Gerät, mit dem zu enge Schuhe geweitet werden können. Auch der Schiedsrichter kann hier seine unverzichtbare Ausrüstung kaufen: die Pfeife sowie die rote und die gelbe Karte.

Am meisten verkauft werden gleichwohl Fußballschuhe, in Schachteln aller bekannten Marken bis unter die Decke gestapelt. Fachkundige Beratung ist selbstverständlich. Van der Straeten führt es sogleich vor: Eine Kundin möchte eine Reise unternehmen und sucht den idealen Wanderschuh. Nachdem gemessen und angepasst wurde, geht sie gut beschuht zufrieden zur Tür hinaus.

Adresse Elandsgracht 98, 1016 VA Amsterdam, Tel. 020/6231735, www.smit-cruyff.nl, smit-cruyff@planet.nl | **ÖPNV** Tram 7, 10, 17, Haltestelle Elandsgracht | **Öffnungszeiten** Mo 13–18 Uhr, Di–Fr 9–18 Uhr, Sa 9–17 Uhr

94_ STAdesign
Kunterbunte Kleidung für Kinder

Einst von Junkies, Prostituierten und Hausbesetzern bevölkert, ist die Czaar Peterstraat nach umfassenden Sanierungsmaßnahmen inzwischen sehr beliebt bei Geschäftsleuten. »CP« wird die Straße mit einem Augenzwinkern genannt, bezogen auf die P.C. Hooftstraat, die als teuerste Einkaufsstraße Amsterdams gilt. Für alle, die gerne shoppen gehen, ist die »CP« zweifellos eine reizvolle Alternative zur stark frequentierten Innenstadt. Schließlich gibt es hier besondere Geschäfte wie den Käsehändler Kef, Wurstspezialist Worscht, das Einrichtungshaus Vintage oder die Floristin Antoesa. Und STAdesign mit fröhlicher, origineller Kinderbekleidung.

Inhaberin Suzan Valkenburg gehörte 2012 zu den ersten neuen Unternehmern in der CP. Aufgewachsen in Südlimburg, kam sie nach Amsterdam, um Modedesign zu studieren und für immer zu bleiben. Nachdem sie 15 Jahre unter anderem für Tommy Hilfiger gearbeitet hatte, beschloss sie, inzwischen Mutter und 40 geworden, selbst einen Shop zu gründen mit spanischer Kinderkleidung für Babys und Kinder bis acht Jahre. »Früher haben wir jede Sommerferien in einem kleinen Fischerdorf in der Nähe von Barcelona verbracht«, erzählt sie. »Dort sah ich in einer kleinen Boutique zum ersten Mal Kleidung für Kinder von ›tuctuc‹, leuchtende Farben, schöne Stoffe. Ich habe sie importiert und über meinen Webshop verkauft. Im Laufe der Zeit kamen andere spanische Label wie ›Rosalita Senoritas‹ und ›Menorkina's‹ dazu. Irgendwann hatte ich keine Lust mehr, ständig zwischen lauter Kartons in meinem Schlafzimmer zu sitzen. Daraufhin habe ich dieses Lokal gemietet und mit STAdesign angefangen. STA steht für ›Spanische Textilien Amsterdam‹.«

Außer der farbenfrohen Kleidung bietet Suzan in ihrem Kinderreich hübsche Ledersandalen, Gummistiefel, Körbe mit Erstausstattungen, Bücher und Spielzeug sowie allerliebste Kuscheltiere an.

Adresse Czaar Peterstraat 114, 1018 PT Amsterdam, Tel. 020/2235070, www.stadesign.nl, info@stadesign.nl | **ÖPNV** Tram 10, Haltestelle Eerste Leeghwaterstraat | **Öffnungszeiten** Mo−Mi 10−16 Uhr, Do−Sa 10−18 Uhr

95 Die Stadsbank van Lening

Nicht nur für »kleine Leute«

Die meisten Passanten gehen achtlos vorbei. Denn man muss schon genau hinschauen, um ihn zu entdecken, diesen kleinen Laden mit seinem Schaufenster voller Gold- und Silberschmuck, Münzen, wertvollen Füllfederhaltern und Uhren. Manchmal liegt sogar ein Musikinstrument in der Auslage. De Gouden Vondst befindet sich im Gebäude der Stadsbank van Lening in der Nes, einer der ältesten Straßen Amsterdams, in der es im Mittelalter sage und schreibe fünf Klöster gab. Eines von ihnen erhielt 1614 eine neue Bestimmung als Pfandleihhaus, womit die himmlischen Ideale Platz machten für den schnöden Mammon. Gleichwohl diente die Gründung der Bank van Lening durch den Magistrat einem guten Zweck: »Kleine Leute«, normale Bürger, die oft Opfer der Wucherzinsen wurden, die Geldverleiher von ihnen verlangten, konnten hier zu fairen Bedingungen einen Kredit aufnehmen. Übrigens war der Begriff »kleine Leute« relativ: Die Bank hatte die Ehre, auch adlige Kunden wie Johann Moritz von Nassau und Anna von Österreich zu empfangen. Eine andere Berühmtheit war dort als Buchhalter tätig: Der Dichter Joost van den Vondel wurde 1658 eingestellt und übte die Funktion über zehn Jahre lang aus.

Die Stadsbank van Lening ist eine kommunale Einrichtung ohne Profitstreben, die nach wie vor Kredite gewährt. Zu den Kunden zählen nicht nur »kleine Leute«, sondern auch Unternehmer, die aufgrund mangelnder Liquidität Schmuck, Silbergeschirr und andere Kostbarkeiten als Pfand anbieten. Das Darlehen wird für neun Monate gewährt, innerhalb dieser Frist können die Pfandgegenstände zurückgekauft werden. Danach hat die Bank das Recht, sie zu versteigern.

In dem kleinen Geschäft De Gouden Vondst im Souterrain des Gebäudes kann man jene wertvollen Objekte kaufen, die von der Bank selbst ersteigert wurden. Darunter befindet sich immer wieder so manch überraschend preiswertes Kleinod.

Adresse Nes 57, 1012 KD Amsterdam, Tel. 020/14020 (Infonummer der Stadt Amsterdam), www.amsterdam.nl/sbl/winkel-gouden-vondst | ÖPNV Tram 4, 9, 14, 16, 24, Haltestelle Dam | Öffnungszeiten Mo–Fr 9–16 Uhr

96__ Van Stapele Koekmakerij
Schokoladenkekse, die Trost spenden

Im Zentrum Amsterdams, wo es zahllose Kneipen gibt, erwartet man den Geruch von Bier und anderen alkoholischen Getränken, Schokoladenduft hingegen ist dann doch eine Überraschung. Doch genau der weht einem entgegen aus der schmalen Gasse zwischen den beiden legendären Kneipen Hoppe und De Zwart.

Immer der Nase nach landet man bei der Koekmakerij Van Stapele, einem anheimelnden, kleinen Laden im Heisteeg mit pastellfarbenen Tapeten, dunklem Holzmobiliar und Kristallkronleuchtern. Im hinteren Teil schiebt eine der Bäckerinnen eifrig Schokoladenhäufchen in den Ofen, um sie wenig später als schöne runde Kekse wieder herauszuholen. So geht das fortwährend, denn das Gebäck wird noch warm verkauft. Man kann es mitnehmen oder auch – falls man nicht warten möchte – mit einer Tasse Kaffee oder Tee sofort genießen.

Die Geschäftsidee stammt von Vera van Stapele, die sich dank ihrer Kekse seit Februar 2013 erfolgreiche Unternehmerin nennen darf. »Ich war in den Ferien«, erzählt sie, »probierte einen Keks, den ich hervorragend fand, und dachte: Das muss ich doch auch schaffen! Das ist doch nur eine Frage des Experimentierens mit verschiedenen Sorten Schokolade, Zucker und Milch im richtigen Verhältnis und dazu eine köstliche Füllung.« Doch ganz so einfach war es zunächst nicht. So manches Backblech voller Kekse wurde für untauglich erklärt. Bis Vera die französische Schokoladenmarke Valrhona entdeckte. Nachdem sie mit einer Füllung aus weißer Schokolade endlich den richtigen Geschmack getroffen hatte, beschloss sie, ihre Kekse zum Kauf anzubieten. »Eigentlich bin ich studierte Psychologin«, erzählt sie. »Aber dies hier macht mich am glücklichsten. Und meine Kekse haben durchaus therapeutische Wirkung: Leute kaufen Kekse, um sich zu versöhnen, um ein Mädchen zu erobern oder eine Depression durchzustehen.« Es gibt also tatsächlich Kekse, die Trost spenden können.

Adresse Heisteeg 4, 1012 WC Amsterdam, Tel. 06/54241497, www.vanstapele.com, info@vanstapele.com | **ÖPNV** Tram 1, 2, 5, Haltestelle Spui | **Öffnungszeiten** Mo 12–18 Uhr, Di–Fr 10–18 Uhr, Sa und So 11–18 Uhr

97 De taart van m'n tante

Süße Kunst für Schleckermäuler

De taart van m'n tante ist mehr als nur ein Geschäft, in dem man die allerschönsten, köstlichsten Torten verspeisen und bestellen kann. Gründer Siemon de Jong hat die Torte nach und nach zum Mittelpunkt eines ganzen Imperiums erhoben. Gemeinsam mit seinem Kompagnon Naom Offer führt er die Bäckerei und Konditorei und organisiert Events und Ausstellungen. Seine Kreationen hatten auch schon in vielen niederländischen Spielfilmen glanzvolle Auftritte. Seit er in der preisgekrönten Fernsehserie »De taarten van Abel« durchs ganze Land reist, um mit Kindern Kuchen zu backen, ist Siemon für die meisten »Abel«, aber das macht ihm nichts aus.

In der Konditorei in der Ferdinand Bolstraat posiert er mit jungen Fans und ihren Eltern oder Großeltern bereitwillig für ein Foto. Die Konditorei ist eine Sehenswürdigkeit für sich: lachsrote Wände, auf jedem Tisch eine farbenfrohe Decke, darauf eine Tortenimitation – die verzehrbaren Exemplare stehen in der Kühlung – und ein Sammelsurium von Stühlen. »Als wir diesen Laden 2002 gekauft haben, waren noch genau 500 Euro für die Einrichtung übrig. So haben wir die Möbel in Secondhandläden erworben«, erzählt er.

Siemon verdiente sein Geld zunächst als Krankenpfleger, doch nach vier Jahren wollte er etwas anderes machen. »Ich habe mich in einen Jungen verliebt, der verrückt nach Kuchen war und mich zum Backen gebracht hat. Das Handwerk habe ich gelernt, indem ich mir bei verschiedenen Bäckern die Kunst abgeschaut habe. Später kam ich in Kontakt mit Künstlern, die für uns Torten entworfen haben, wodurch wir viel Aufmerksamkeit bekamen. Wir haben wirklich total irre Dinge gemacht, Kleider aus Sirupwaffeln, Torten für jeden Anlass!« Doch trotz aller Bekanntheit, am wohlsten fühlt sich Siemon inmitten all der Torten in seiner eigenen Konditorei, in der jeder willkommen ist. »Vom Säugling bis zum hochbetagten Greis.«

Adresse Ferdinand Bolstraat 10, 1072 LJ Amsterdam, Tel. 020/7764600, www.detaart.com, info@detaart.com | **ÖPNV** Tram 16, 24, Haltestelle Stadhouderskade | **Öffnungszeiten** Mo–So 10–18 Uhr

98 Taxidermy Amsterdam

Marios verstummtes Tierreich

Drei stolze Pfauen prahlen mit ihrer fluoreszierenden Federpracht, ein Schwan scheint jeden Moment hoheitsvoll davonzuschwimmen, eine Gruppe stattlicher Falken lässt sich reglos bewundern. Ein Braunbär sitzt possierlich auf einem Kissen, bunte Papageien hüllen sich in Schweigen, ebenso wie Trompetervogel, Flamingo, Schneeeule, Scharlachsichler und Perlhuhn. Gesellschaft leisten ihnen Tausende bunter Schmetterlinge, Muscheln, Steine und Korallen. Dies ist das Reich von Mario Molina Espelata, Künstler und Tierpräparator. Hier bietet er die Bewohner seines verstummten Tierreichs zum Kauf an. Keine Sorge: Es handelt sich ausschließlich um Tiere, die eines natürlichen Todes gestorben sind.

In der Nähe von Amsterdam als Kind spanischer Eltern geboren, wusste Mario schon in jungen Jahren, dass er sein Leben der Kunst widmen möchte. Nach dem Besuch der Kunsthochschule in Utrecht und einem Studium in London ließ er sich als bildender Künstler in Amsterdam nieder. Als er irgendwann für seine Installationen ausgestopfte Vögel brauchte, begann er die zweijährige Ausbildung zum Tierpräparator. Artenkunde, Gesetzgebung und Praxis gehörten zu jenen Fächern, in denen er das Staatsexamen absolvierte. Seine ersten Objekte waren »Fensteropfer«, Amseln, Meisen, Tauben, die gegen das Glas geflogen waren. Seine Sammlung wurde schnell größer, zu den Vögeln gesellten sich sowohl kleine Säugetiere als auch Schmetterlinge und exotische Insekten aus fernen Ländern. Mario begann mit einer Internetseite und eröffnete schließlich seinen Laden Taxidermy.

Passanten bleiben staunend vor dem Schaufenster stehen, Lieferanten, Sammler und Kunstliebhaber aus allen Himmelsrichtungen suchen ihn auf. Mario erfüllt viele Wünsche, doch wer ihn bittet, seinen Hund, die Katze oder ein Meerschweinchen zu präparieren, wird abgewiesen. »Das finde ich gruselig«, sagt er, »und viel zu persönlich.«

Adresse Roelof Hartstraat 80, 1071 VM Amsterdam, Tel. 06/24556633, www.taxidermyamsterdam.nl, info@taxidermyamsterdam.nl | **ÖPNV** Tram 24, Haltestelle Roelof Hartplein | **Öffnungszeiten** Di–Sa 11–18 Uhr, übrige Tage nach Absprache

99 Tesselschade – Arbeid Adelt

Handarbeiten von Frauen für Frauen

»Elck syn Waerom«, steht auf dem Schaufenster des berühmten Geschäfts am Leidseplein, in dem seit 1880 wahrscheinlich jeder schon einmal einen Kuschelhasen, ein Lätzchen oder ein gesmoktes Kleidchen als Geschenk zur Geburt eines Kindes gekauft hat. Hier gibt es lauter liebevoll von Hand gefertigte Sachen: Wandteppiche, Tischdecken mit Stickereien, bemalte Tabletts, hübsche Dinge für Haus und Garten. Unsere jüngste Tochter hat als kleines Mädchen einen Stoffhasen so sehr geliebt, dass er völlig abgewetzt war. Schließlich blieb ein trauriger Hasenkopf übrig, der von mir bis zum bitteren Ende immer wieder geflickt wurde.

Unter dem Namen »Arbeid Adelt« wurde 1871 die erste Niederländische Allgemeine Frauenvereinigung von Betsy Perk, einer Schriftstellerin und Kämpferin für Frauenrechte, gegründet. Diese Organisation hat Frauen dabei unterstützt, finanziell unabhängig zu werden, indem sie ihnen den Verkauf »nützlicher und schöner Handarbeiten« ermöglicht hat. Schon nach einem Jahr gerieten die Damen in Streit darüber, ob man ihre Produkte anonym oder namentlich gekennzeichnet anbieten sollte. Die Vertreterinnen der Anonymität schlugen einen eigenen Weg ein und gründeten Tesselschade, benannt nach der Dichterin und Kupferstecherin Maria Tesselschade (1594–1649). Erst 1953 schlossen sich die beiden Organisationen wieder zusammen, schwesterlich vereint unter Tesselschades Leitspruch »Elck syn Waerom«, der bedeutet, dass jeder für sein Handeln eigene Gründe und Motive hat.

Tesselschade – Arbeid Adelt ist eine landesweite Organisation. Die Mitgliedsbeiträge und ein Teil des Verkaufserlöses werden dazu verwendet, Frauen bei der Absolvierung einer Ausbildung zu unterstützen. Fast alles, was man hier kaufen kann, wird von niederländischen Frauen angefertigt. Einige Artikel stammen von irischen Nonnen in Bangkok, die Mädchen beim Erlernen eines Berufs helfen.

Adresse Leidseplein 33, 1017 PS Amsterdam, Tel. 020/6236665, www.tesselschade-arbeidadelt.nl, amsterdam@tesselschade-arbeidadelt.nl | **ÖPNV** Tram 1, 2, 3, 5, Haltestelle Leidseplein | **Öffnungszeiten** Di–Fr 11–17.30 Uhr, Sa 10–17 Uhr

100__ Toko Dun Yong

Das Kaufhaus von Chinatown

1911 wurden in Amsterdam die ersten Chinesen ins Einwohnerregister eingetragen. Was bedeutet, dass in der Stadt die älteste chinesische Gemeinschaft auf dem europäischen Kontinent lebt. Die Pioniere waren seinerzeit fast allesamt Seeleute, die unter miserablen Bedingungen auf niederländischen Schiffen arbeiteten und hier an Land gingen, um in der Hafengegend Gasthäuser für ihre zur See fahrenden Landsleute zu betreiben. Zur ersten Generation chinesischer Immigranten gehörte Dun Yong, Gründer des gleichnamigen Ladens auf der Ecke Geldersekade und Stormsteeg.

Nachdem er jahrelang als Koch in chinesischen Restaurants gearbeitet hatte, eröffnete er 1957 ein kleines Geschäft, in dem seine Frau Stientje van Gaans – im Viertel bekannt als »Tante Stien« – chinesische Zeitungen, Lebensmittel und Hausrat verkaufte. 1972 traten ihr Sohn Hengko und dessen Frau Wai Ming die Nachfolge an. Die Zahl der Chinesen, die nach Amsterdam kamen, nahm stetig zu, und damit wuchs auch die Kundschaft von Dun Yong. Das Lädchen mauserte sich zu einem regelrechten Handelsimperium, in dem inzwischen die dritte Generation das Ruder in der Hand hat.

Kin Ping Dun und seine Frau Soesja importieren ihr breites Warenangebot aus Taiwan, Hongkong und Japan. Auf fünf Etagen erlebt man bei Dun Yong ein Fest für alle Sinne. Im Erdgeschoss werden frisches Gemüse und Obst angeboten, aufgereiht in den Regalen stehen Delikatessen sowie Gläschen und Fläschchen rätselhaften Inhalts. Über allem hängt der verführerische Duft von Gewürzen der asiatischen Küche. Möchte man mehr darüber erfahren, kann man einen der regelmäßig stattfindenden Kochworkshops besuchen. Im Keller gibt es ein buntes Sortiment an Porzellan, Tonwaren, Töpfen, Pfannen und anderen Küchenutensilien. In den oberen Etagen warten Feuerwerkskörper, Weihrauch, Lampions und Lackarbeiten, Schränke, Tische und unzählige Buddha-Statuen auf ihre Käufer.

Adresse Stormsteeg 9 (Geschäft / Kochstudio), 1012 BD Amsterdam, Tel. 020/6221763, www.dunyong.com, info@dunyong.com | **ÖPNV** ab Hauptbahnhof 5 Minuten Fußweg oder Metro 53, 54, Haltestelle Nieuwmarkt | **Öffnungszeiten** Mo – Fr 9 – 19 Uhr, Sa 9 – 18 Uhr, So 12 – 18 Uhr

101__Urban Cacao
Das ultimative Schokoladenerlebnis

Im April 2014 öffnete Urban Cacao die Türen der geräumigen Ladenwerkstatt an der Rozengracht. Ein herrliches Schlaraffenland, in dem es nicht nur verführerisch nach Schokolade riecht, sondern wo man auch sehen kann, wie die Tafeln, Pralinen, Macarons und andere Köstlichkeiten fachmännisch hergestellt werden. Geführt wird Urban Cacao von den Gründern Hans Mekking und Jochem Keune. Um ihr Projekt finanziell auf sichere Beine zu stellen, nahmen sie den Belgier Paul Leinders mit ins Boot. Einigkeit herrschte sowohl hinsichtlich der Herstellung eines guten Produkts als auch des Konzepts der offenen Werkstatt, in der unter Leitung des Chocolatiers und Patissiers Hans Mekking die unterschiedlichsten Süßigkeiten produziert werden. Alle Schokokreationen werden täglich frisch aus natürlichen Zutaten mit biologisch angebauten Kakaobohnen aus Südamerika, Afrika und Asien produziert. Jede Bohnensorte hat laut Mekking ihren eigenen charakteristischen Geschmack, wie man auf den hübsch verpackten Tafeln lesen kann.

Zu Mekkings Spezialitäten gehören neben Schokoladenprodukten auch Macarons. Es gibt sie in zahlreichen Geschmacksrichtungen: zum Beispiel Champagner, Passionsfrucht, Mango, Vanille, Erdbeere und, wie könnte es anders sein, Schokolade. Es ist eine wahre Freude, dem Chocolatier in seinem Reich dabei zuzuschauen, wie er mit riesigen Brocken Schokolade und cremigen Füllungen zugange ist. Wenn gewünscht, erzählt er gerne alles über den Produktionsprozess. Während der Kunde in aller Ruhe seine Wahl trifft, kann er einen Kaffee bestellen. Im Sommer wird auch Eis angeboten, und Mekking beweist sein inzwischen weit und breit bekanntes Können als Eishersteller oder auch »Glacier«, wie der Beruf in der Feinschmeckerwelt genannt wird. Urban Cacao ist mehr als Manufaktur und verführerischer Laden, es ist das ultimative Schokoladenerlebnis!

Adresse Rozengracht 200, 1016 NK Amsterdam, Tel. 020/4129966, www.urbancacao.nl, www.facebook.com/Urban Cacao | **ÖPNV** Tram 13, 14, 17, Haltestelle Marnixstraat | **Öffnungszeiten** Mo 12–18.30 Uhr, Di und Mi 10–19 Uhr, Do und Fr 10–19.30 Uhr, Sa 10–18.30 Uhr, So 12–18.30 Uhr

102_ Venten

Chic und tipptopp aus zweiter Hand

Im Mai 2014 ging für Jesse Tenhaeff ein Traum in Erfüllung: die Eröffnung ihres eigenen Geschäfts. In dem Viertel, das sie kennt und liebt. In einem großen Eckhaus, das sie schon lange im Auge hatte, denn hier kann sie in gleich zwei Schaufenstern ihr vielfältiges Angebot präsentieren. Erst nachdem der Vertrag unterschrieben war, wagte sie es, ihren vorherigen Job zu kündigen und sich ganz dem Umbau und Einrichten zu widmen.

Venten ist ein mit Stilgefühl gestaltetes Geschäft, in dem man nach Lust und Laune herumstöbern kann. Viele der Kunden kommen nicht nur zum Kaufen, sondern bringen auch Ware. Hier gibt es vor allem Marken- und Designerkleidung aus zweiter Hand für Damen und Kinder. Herren werden hier nicht fündig, denn was an Kleidung für Männer hereinkam, entsprach nicht den Körpermaßen des durchschnittlichen Niederländers. Für Damen gibt es eine breite Auswahl an Topmarken wie Dolce & Gabbana, Hugo Boss, Tommy Hilfiger, DKNY, Comme des Garçons, Kenzo und Isabel Marant. Dabei stellt Jesse hohe Ansprüche an die Ware, die sie in Kommission nimmt: Sie muss sauber und in perfektem Zustand sein. Das gilt ebenso für Taschen, Schuhe und Stiefel, die ihr angeboten werden.

Doch Jesse wollte noch mehr. »Venten« lautete das Zauberwort, auf Deutsch »Hausieren«. In Erinnerung an den Händler, der früher mit einem Koffer voller Waren von Tür zu Tür ging und aus ihm alles Mögliche hervorzauberte. Vom Gummiband über Wäscheklammern bis zu Sicherheitsnadeln und Nähgarn. Man nannte ihn Hausierer. Als Name für ihr Geschäft klang das für sie ein wenig suspekt, Venten dagegen war gut. Denn im Grunde ist es das, was sie macht: alles in ihrem Laden zum Kauf anbieten. Außer Kleidung gibt es Designerlampen, englische Kissen, wunderschöne Kunstblumen, Töpferwaren und von ihr selbst restaurierte Schränke und Tische. Und dann serviert Jesse auch noch ein »lekker kopje koffie« dazu!

Adresse Ceintuurbaan 400, 1073 EN Amsterdam, Tel. 020/3640412, www.venten.nu, info@venten.nu | **ÖPNV** Tram 3, 12, Haltestelle Van Woustraat, Tram 4, Haltestelle Ceintuurbaan | **Öffnungszeiten** Mo 12–18 Uhr, Di, Mi, Fr und Sa 10–18 Uhr, Do 10–21 Uhr

103 — Verkoophuis Gerard Dou
Ein Labyrinth mitten in der Stadt

Jeder in der Straße kennt ihn: Martin Colmans vom Verkoophuis Gerard Dou. Ein Teil seiner Ware, vor allem die beliebten Möbel aus Kiefernholz, steht draußen, die kostbarsten Objekte dagegen befinden sich drinnen in einem riesigen Labyrinth. 350 Quadratmeter voller Schränke, Tische, Stühle und Bänke, Spiegel und Lampen, dazu die wundersamsten Kuriositäten aus aller Welt. Denn Colmans importiert nicht nur aus europäischen Ländern, sondern vor allem aus Indien, China, Tibet und Afghanistan. Als Sohn eines Händlers auf dem Waterlooplein weiß Martin Colmans wie kein anderer, wo er die beste Handelsware ergattern kann. Kunstgegenstände und Schmuck hat er seiner Frau überlassen, die um die Ecke, in der Ferdinand Bolstraat, das Antiquitätengeschäft »Buitengewoon« führt. Colmans hat es eher mit den großen Objekten, die seinen Irrgarten bis in den letzten Winkel füllen.

Vor 35 Jahren hat er einen Secondhandladen am Gerard Douplein eröffnet, woran der Name des Geschäfts am heutigen Standort erinnert. »Ich habe viele Jahre im Ausland gelebt, am längsten in Israel«, erzählt Colmans. »Nach meiner Rückkehr in die Niederlande fand ich keinen Job, bis ich im Dezember 1985 jemanden kennenlernte, der einen Trödelladen hatte und mich fragte, ob ich sein Kompagnon werden möchte. Dutzende von Hausratsauflösungen habe ich damals aufgekauft. Heutzutage ist das kaum noch lukrativ.«

Nach Stationen in der Oosterparkstraat und der Kinkerstraat ließ er sich schließlich in der Albert Cuypstraat nieder. »Das Viertel De Pijp ist einfach mein Zuhause«, erklärt er. »Außerdem ist das ein guter Standort, hier kommt jeder vorbei, von morgens bis abends ist was los.«

Sein Sohn Sharon, von Beruf Tischler, arbeitet als Restaurateur und Berater mit, ab und zu hilft auch seine Tochter Shulamiet aus. »Die ganze Welt ist mein Einkaufs-, aber auch mein Absatzgebiet«, sagt der Amsterdamer Händler mit Stolz.

Adresse Albert Cuypstraat 217–219, 1073 BG Amsterdam, Tel. 020/4004326,
www.buitengewoon.biedmeer.nl, m.colmans@hccnet.nl | **ÖPNV** Tram 4, Haltestelle
Stadhouderskade; Tram 16, 24, Haltestelle Albert Cuypstraat | **Öffnungszeiten**
Mo–Sa 9–18 Uhr

104_Weijntjes

Ohne Beschläge geht gar nichts

Wenn man nach dem Umbau der Küche auf der Suche nach einer Türklinke ist, die zur neuen Einrichtung passt, oder nach einem Griff für die Küchenschublade oder einem Möbelscharnier, dann gibt es nur eine Adresse, wo man garantiert fündig wird: Weijntjes. Das Fachgeschäft für Beschläge aller Art befindet sich in einem Treppengiebelhaus aus dem Jahr 1607. Der Aufzugbalken am Dachfirst ist noch stets in Gebrauch. »Wenn man die schmale Treppe zum Obergeschoss sieht, versteht man, warum wir ihn zum Hochziehen von Waren brauchen«, sagt Mitarbeiter Martien van Veenendaal während des Rundgangs entlang der Wandregale voller Türklinken und -knäufe, Zugklingeln, Fenster- und Möbelbeschläge, Schlösser, Scharniere, Bilderhaken, Schubladengriffe, Badezimmerutensilien und Fensterhaken mit Distanzhaltern (ein im Jahr 1600 erfundener Haken, mit dem ein Fenster einen Spaltbreit offen gehalten wird).

Man schrieb das Jahr 1884, als Willem Frederik Weijntjes hier sein Geschäft für Eisenwaren und Bauteile eröffnete und mit seiner Familie die obere Etage bezog. Willem Frederik junior übernahm den Betrieb 1921 und zog in eine größere Wohnung, sodass im ersten Stockwerk ein Ausstellungsraum eingerichtet werden konnte. »Unser Museum«, sagt van Veenendaal stolz. »Neben antiken Beschlägen haben wir dort auch unsere Lieferscheine und Kassenbücher aus dem 19. Jahrhundert ausgestellt.«

Jugendstil, Art déco und Bauhaus sind im Sortiment gut vertreten, doch Weijntjes hat auch eine eigene moderne Linie, die »W-lijn«, solides Design zu erschwinglichen Preisen. Und man findet noch mehr moderne Objekte in diesem gut sortierten Geschäft: Designer wie Jean Nouvel, Philippe Starck und der Däne Arne Jacobsen haben jeweils eine eigene Türklinke entworfen. »Wir haben 10.000 Artikel auf Lager«, sagt van Veenendaal, »es ist das größte Sortiment in Europa.« Und das scheint keine Übertreibung zu sein.

Adresse Singel 456, 1017 AW Amsterdam, Tel. 020/3113646, www.weijntjes.nl | **ÖPNV**
Tram 1, 2, 5, Haltestelle Koningsplein | **Öffnungszeiten** Mo–Fr 9–18 Uhr, Sa 10–17 Uhr

105_ Weldraad

Stricken – das neue Yoga

Nachdem Stricknadeln viele Jahre unbeachtet in irgendwelchen Schränken gelegen haben, werden sie seit geraumer Zeit wieder allerorten hervorgeholt. Denn Stricken ist in. Laut einer unlängst erschienenen Studie wirkt es sogar ähnlich entspannend wie Yoga. Vielleicht ist das der Grund, weshalb inzwischen auch die jüngere Generation begeistert zum Strickzeug greift. Im Handarbeitsgeschäft Weldraad können sich all die eifrigen Strickerinnen Anregungen holen, Techniken und besondere Kniffe erlernen und aus einem breiten Angebot natürlicher Materialien in den diversesten Farben ihre Wahl treffen.

Gründerin und treibende Kraft von Weldraad ist Anna Amenta, eine ehemalige Lehrerin, die 2012 ihren lang gehegten Traum verwirklichte: die Eröffnung eines eigenen Geschäfts für Wolle und Garne auf natürlicher Basis. »Wenn man umweltbewusst lebt, entscheidet man immer wieder, ob man ein Produkt verwendet oder nicht«, meint sie. So sind alle Waren, die sie in ihrem Traumladen verkauft, auf möglichst natürliche und umweltfreundliche Weise hergestellt und bearbeitet. Biologische Baumwolle, Wildseide, Wolle aus Island, Schweden und von den Schafen auf Texel – »Entdecke die sanfte Kraft der Insel«, wie es heißt. »Die Wolle dieser frei herumlaufenden Tiere wird ohne den Einsatz umweltschädlicher Chemikalien produziert.« Anna ist stolz darauf, dass zu ihrem Sortiment auch das Garn der niederländischen Marke Loret Karman gehört, bestehend aus 80 Prozent Merino und 20 Prozent Seide, von Hand gefärbt in den typischen Farben Vincent van Goghs.

Anhand fertiger Modelle sieht die Kundin, was man aus Annas wunderschönen Garnen so alles stricken kann: zum Beispiel Umschlagtücher, Jacken, Socken, Schals und süße Babyjäckchen. Jeder gekauften Ware wird eine detaillierte Beschreibung beigelegt. Außerdem veranstaltet Weldraad Strick- und Häkelkurse für Anfängerinnen und Fortgeschrittene.

Adresse Haarlemmerdijk 147, 1013 KH Amsterdam, Tel. 020/2232800, www.weldraad.nl, info@weldraad.nl | **ÖPNV** Tram 3, Haltestelle Haarlemmerplein, ab Hauptbahnhof Bus 18, 21, 22, Haltestelle Haarlemmerplein | **Öffnungszeiten** Mo 13–18 Uhr, Di–Fr 10–18 Uhr, Sa 10–17.30 Uhr

106__Het Winkeltje

Aus Alt mach Neu

Dieses Geschäft macht schon von außen neugierig: An der Fassade hängen acht Grimassen schneidende Köpfe, vor den Schaufenstern lädt ein buntes Sammelsurium zum Stöbern ein. Im Inneren erinnert Het Winkeltje an ein zauberhaftes Boudoir: Regale voller Gläser, Porzellan, mechanischem Spielzeug, dazu originelle alte Lampen und romantische Lampenschirme, handbemalte Christbaumkugeln, Schmuck, Köfferchen im Vintage-Look, antike Operngläser, Serviertabletts sowie kleine Schränke und Tische. Dies alles ist das Werk von Danielle van Hecke, die wie ihr Vater eine Meisterin im Dekorieren ist. Ihre Eltern arbeiteten beide in dem leider nicht mehr existierenden Kaufhaus Metz & Co, für dessen Schaufensterdekoration der Papa zuständig war.

Als Danielle im Jahr 2010 mit ihm auf der Suche nach einem Geburtstagsgeschenk für die Mutter war, entdeckten sie an der Prinsengracht dieses Geschäft, das inklusive Inventar zum Verkauf stand. Genau der Laden, von dem die Mutter einst träumte, und so war die Entscheidung schnell getroffen. »Das Lokal war völlig heruntergekommen und verdreckt«, erzählt Danielle. »Früher wurde hier Stockfisch verkauft, was man noch riechen konnte, als wir erst einmal mit dem Großreinemachen begonnen hatten. Es hat Monate gedauert, bis wir endlich fertig waren. Dann ging es los mit dem Einkauf von Waren: auf Messen, Märkten und bei Auktionshäusern in Frankreich, England, Ungarn und Polen. In unserer eigenen Werkstatt macht mein Vater aus altem Krempel neue, nützliche Objekte. Antike Kronleuchter verwandelt er in wunderschöne Etageren, und aus Teilen von kaputten Schränken baut er neue Möbelstücke. Mutter hilft beim Einkauf mit, Vater arbeitet in der Werkstatt, ich stehe im Laden, wir sind eine harmonische Dreieinigkeit. Und ich finde kaum Worte dafür, um auszudrücken, wie sehr ich diesen Laden liebe.« Das braucht sie auch nicht, denn das sieht man.

Adresse Prinsengracht 228, 1016 HE Amsterdam, Tel. 020/6251352, www.opkamertwinkels.nl, hetwinkeltje228@hotmail.com | **ÖPNV** Tram 13, 14, 17, Haltestelle Westermarkt | **Öffnungszeiten** täglich 11–18.30 Uhr

107 — Witbaard Feestartikelen
Vom Furzkissen bis zur Königskrone

Früher haben wir uns vor jedem Kindergeburtstag auf den Weg zu diesem Geschäft gemacht, um Ballons, Hütchen und Tröten zu kaufen. Irgendwann wurde das Angebot erweitert, zur allgemeinen Freude gab es nun auch für Erheiterung sorgende Scherzartikel: abgeschnittene Daumen, eklige Tierchen, die auf dem Teller des Bruders platziert wurden, täuschend echte Hundehaufen oder das Furzkissen, das immer wieder gerne auf Omas Stuhl gelegt wurde, sodass ihr beim Platznehmen ein zwar geruchloser, aber dafür umso längerer Wind entfleuchte. Das war zu jener Zeit, als der 1900 gegründete spaßige Laden nicht mehr als 30 Quadratmeter groß war.

1970 übernahm Cornelis Witbaard das Geschäft von dem früheren Inhaber Herrn Nieberg. Dieser war Musiklehrer und verkaufte vor allem Gedichte für Hochzeiten und andere Feste, außerdem zur Hebung der Stimmung eine kleine Auswahl an Hütchen und Luftschlangen. Wie schon der Vorgänger wohnte Cornelis mit seiner Familie über dem Laden. Ihm folgten seine Söhne Dirk und Kees, und heute schwingen Dirks Sohn Johan und dessen Frau Charlotte das Zepter in diesem fröhlichen Reich. »Johan hat hier bis zu seinem dritten Lebensjahr gelebt«, erzählt Charlotte. »Seit dem Umbau im Jahr 2013 ist die elterliche Wohnung über dem Geschäft nicht mehr wiederzuerkennen. Dort hängen nun unsere Kostüme.« Das Angebot reicht von Clownskostümen, Polizeiuniformen und Mönchskutten über Heinzelmännchen-, Piraten-, Matrosen- und Tierkostüme bis zu Prinzessinnenkleidern, Schottenkilts und Paillettensakkos. Krankenschwester-Outfits sind übrigens ebenso wie die Perücken auch bei Transvestiten sehr beliebt.

Im Erdgeschoss gibt es genügend Platz für das übrige Sortiment: Hüte, Perücken, Masken, Diademe, goldene Kronen für Könige, Scherzartikel, Jubiläumskränze und klassische Papierwaren wie Luftschlangen und Konfetti. Ein wahrer Gute-Laune-Laden!

Adresse Ferdinand Bolstraat 22, 1072 LJ Amsterdam, Tel. 020/6626144, www.witbaard.nl, amsterdam@witbaard.nl | **ÖPNV** Tram 16, 24, Haltestelle Stadhouderskade | **Öffnungs-zeiten** Mo 13–18 Uhr, Di–Fr 9.30–18 Uhr, Sa 9.30–17 Uhr

108__ Yellow Bike
Stadtführung auf zwei Rädern

Immer wieder begegnet man ihnen in der Stadt, den kleinen Gruppen sportlicher Touristen auf den sonnengelben Fahrrädern von Yellow Bike. Gegründet 1990, ist dieser Betrieb für Fahrradverleih und -touren längst über die Landesgrenzen hinaus bekannt.

Hanny Kooij, stolzer Mitinhaber von Yellow Bike, erzählt nur allzu gerne von den Anfängen des Unternehmens und seinem vielfältigen Angebot. »Damals saß ich mit meinem Bruder in einem Straßencafé, wo wir andauernd Leute auf Fahrrädern sahen, die abstiegen, sich suchend umschauten und den Stadtplan studierten. Da kam uns die zündende Idee: Wir werden ihnen helfen, sich zurechtzufinden, indem wir Radtouren in Begleitung eines Stadtführers organisieren. Das gab es noch nicht in Amsterdam. Inzwischen bieten wir ganz unterschiedliche Touren an: eine Kennenlerntour durch die Stadt entlang der Highlights wie dem Anne-Frank-Haus, dem Rijksmuseum und dem Vondelpark. Bis zu zwölf Teilnehmer radeln in einer Gruppe herum. Man kann auch eine kombinierte Fahrrad-Boot-Tour buchen: drei Stunden radeln, eine Kleinigkeit essen, und dann geht's aufs Boot. Trainierte Radler können eine 35 Kilometer lange Tour durch das nördlich von Amsterdam gelegene Waterland unternehmen. Außerdem gibt es Touren für Schülergruppen, eine spezielle Freundinnentour, bei der unter anderem das Taschenmuseum angesteuert wird, und eine Tour für Männer, die im Zeichen von Geschichte, Bier, Erotik und Verbrechen steht. In der Regel verfügen wir über 800 bis 900 speziell für uns angefertigte Räder, einfache Modelle mit Hand- oder Rücktrittbremse. Für Kinder – und Chinesen, die meist nicht so groß sind – haben wir etwas kleinere Modelle.«

Bei Yellow Bike kann man sich auch ein Rad leihen. Für all jene, die nicht radeln können oder wollen, werden geführte Spaziergänge angeboten. Am schönsten scheint mir der Sonntagmorgenspaziergang durch die stille Stadt zu sein.

Adresse Nieuwezijds Kolk 29, 1012 PV Amsterdam, Tel. 020/6206940, www.yellowbike.nl, info@yellowbike.nl | **ÖPNV** ab Hauptbahnhof 3 Minuten Fußweg, Tram 1, 2, 5, 13, 17, Haltestelle Nieuwezijds Kolk | **Öffnungszeiten** täglich 9.30–18 Uhr

109__Young Bloods Salon
Hier sind Haarkünstler am Werk

Zu den beliebtesten Hotspots von Amsterdam gehören zweifellos »De Hallen«, ein Kulturzentrum im ehemaligen Straßenbahndepot in Oud-West. Im Juni 2015 wurde der Architekt, der mit der Umgestaltung beauftragt war, für seine Kreativität mit zwei angesehenen Auszeichnungen belohnt: dem Europa-Nostra-Preis, verliehen von der Europäischen Union für die Erhaltung von Kulturerbe, und dem Pieter van Vollenhovenprijs. Wer an diesem einzigartigen Ort Räume gemietet hat, kann sich der Beachtung sicher sein. Wie zum Beispiel die Friseure von Kinki, die hier ihr Hauptquartier haben, in dem Shows vorbereitet, Events ausgedacht und Kurse gegeben werden. Gegenüber befindet sich die Kinki Academy mit dem dazugehörigen Young Bloods Salon.

Der Ursprung von Kinki liegt in Eindhoven, wo Michael Dingarte 1984 einen alternativen Friseursalon eröffnete. Es war die Zeit von Punk, »Dirty Dancing« und extravaganter Mode – und gefragt waren Friseure mit einem Gespür für den Zeitgeist. Da trat Kinki auf den Plan, ignorierte Traditionen und durchbrach Grenzen. In ihren Salons erschufen die Kinki-Friseure die schönsten, verrücktesten und buntesten Frisuren. Es waren Jahre einer fröhlichen Ausgelassenheit, die in ihren Ausdrucksformen bis heute fortwirkt.

Auch der Young Bloods Salon ist von dieser Philosophie geprägt. Innerhalb der bestehenden Academy für Profis bietet Kinki eine Spezialausbildung für talentierte junge Leute an, die aus finanziellen Gründen keine klassische Lehre absolvieren können. Die sogenannten Young Bloods, die zwischen 16 und 26 Jahre alt sind, müssen zwar bestimmte Anforderungen erfüllen, doch hier werden sie von hochqualifizierten Friseuren unterrichtet, sammeln praktische Erfahrungen und haben so bessere Chancen auf dem Arbeitsmarkt.

Im hohen hellen Young Bloods Salon lassen sich vor allem junge Frauen für wenig Geld eine freche, farbenfrohe Frisur machen.

Adresse Hannie Dankbaarpassage 42, 1053 RT Amsterdam, Tel. 020/6929707, www.youngbloods.nl, info@youngbloods.nl | **ÖPNV** Tram 7, 17, Haltestelle Ten Katestraat | **Öffnungszeiten** Di–Sa 10–16 Uhr, Do 10–21 Uhr

110_ 't Zonnetje
Kaffee, Tee und noch viel mehr

't Zonnetje ist das älteste Geschäft am Haarlemmerdijk. In dem schmucken, 1612 errichteten Halsgiebelhaus hat es allen Stürmen der Zeit tapfer getrotzt. Es sah, wie die Tramlinie 12 kam und wieder verschwand, wie die Straße von Dealern und Junkies in Besitz genommen wurde und dann im einstigen Glanz wiederauferstand, bis sie 2012 gemeinsam mit der Haarlemmerstraat zur »schönsten Einkaufsstraße der Niederlande« erklärt wurde.

Die Handelstätigkeit in dem Haus mit der Nummer 45 begann im Jahr 1642 mit dem Verkauf von heißem Wasser und glühenden Kohlen. Erst 1858 machte diese warme Ware Platz für Kaffee, Tee und allerlei Kräuter, en gros gehandelt von der Firma »Brumsen, Koffiebranders en Theepakkers«. Seit 1895 sind alle Kunden in dem historischen Lädchen willkommen, das von dem vorherigen Inhaber wegen des sonnigen Reklameschilds an der Fassade 't Zonnetje getauft wurde.

Die heutige Inhaberin, Marie Louise »Loucky« Velder, stammt aus einer Familie, deren Geschäft wesentlich stärkere Getränke als Kaffee und Tee sind: Van Wees ist vor allem für Genever bekannt. Doch Loucky wusste schon früh, dass ihre berufliche Zukunft nicht in der Brennerei sein würde. Immer wieder fragte sie ihre Mutter, ob sie kurz in den Laden von Kaffeeröster Simon Lévelt gehen dürfe, wo es so herrlich roch.

Kaum hat man dieses Heiligtum betreten, steigen einem die Düfte von frisch geröstetem Kaffee, exotischen Teesorten und getrockneten Kräutern in die Nase. Mehr als 25 spezielle Kaffeesorten warten in altmodischen Silos auf die Kunden, kaum aufzuzählen sind die weißen, grünen und schwarzen Teesorten, die lose oder in Schachteln erhältlich sind. Ein Freund von uns fährt mit dem Rad quer durch die ganze Stadt, um hier seinen Tarry Lapsang Souchong und Earl Grey zu kaufen. Zu Hause mischt er dann die beiden Sorten, um in aller Ruhe seinen Lieblingstee zu genießen.

Adresse Haarlemmerdijk 45, 1013 KB Amsterdam, Tel. 020/6230058, www.t-zonnetje.com, www.koffietheeenkruiden.nl, info@t-zonnetje.com | **ÖPNV** ab Hauptbahnhof Bus 18, 21, 22, Haltestelle Buiten Oranjestraat | **Öffnungszeiten** Mo 12–18 Uhr, Di–Sa 9–18 Uhr

111 De Zoutkamer

Das ganze Salz der Erde

In diesem Geschäft dreht sich alles um Salz. Hunderte von Salzsorten in jeder nur denkbaren Form, von grob bis fein sowie flüssig, in roten, blauen oder weißen Blöcken oder als pyramidenförmige Kunstwerke. Steinsalz, Meersalz, Solsalz und aromatisierte Salze. Jeroen van Wieren kann voller Begeisterung davon erzählen, denn Salz ist seine Obsession. Vor vielen Jahren arbeitete er als Koch in einem Restaurant und fragte sich, ob es nicht mehr Salzsorten als Jozo, Baleine und das französische Fleur de Sel gebe, die in der Profiküche verwendet wurden. Er durchforschte das Internet und fand einen amerikanischen Webshop, der diverse Salzsorten anbot, allerdings nicht in andere Länder verschickte. Mit Hilfe einer Lupe entzifferte er die Markennamen, fand diese auf einer deutschen Webseite und bestellte sein erstes Salz. Für ihn tat sich eine neue Welt auf.

Schnell gewann er die Erkenntnis: Salz ist nicht einfach Salz, Salz gibt es in allen Formen, Aromen und Farben, aus allen Erdteilen, es kann Millionen Jahre alt und mit unterschiedlichsten Methoden gewonnen werden. Damit hatte er seine Mission gefunden: Das sollte jeder wissen!

»Ich habe mich ins Thema vertieft«, erzählt Jeroen, »und begann diverse Sorten zu importieren, um sie über das Internet zu verkaufen. Aber niemand gibt das Suchwort ›Salz‹ ein. So habe ich mich mit einem Stand auf Wochenmärkte gestellt. Damals hatte ich bereits 20, 30 Salzsorten und zog damit die Aufmerksamkeit auf mich: Rundfunk, Fernsehen, Zeitungen, alle berichteten darüber. 2000 habe ich dieses Geschäft eröffnet. Hier lagern gut und gerne 2500 Kilo Salz. Inzwischen verkaufe ich auch einige Produkte mit Salz als Zutat wie Sardinen, Käse und Lakritze. Doch im Mittelpunkt steht Salz. Allerdings nur natürliche Salze, in denen alle Spurenelemente und Mineralien enthalten sind. Industriell verarbeitete Salze findet man in meinem Laden nicht.«

Adresse Spaarndammerstraat 34, 1013 SW Amsterdam, Tel. 020/6812440, www.salsamentum.nl, info@salsamentum.nl | **ÖPNV** Tram 3, Haltestelle Haarlemmerplein, ab Hauptbahnhof Bus 22, Haltestelle Nassauplein | **Öffnungszeiten** Di–Fr 11–18 Uhr, Sa 9–17 Uhr

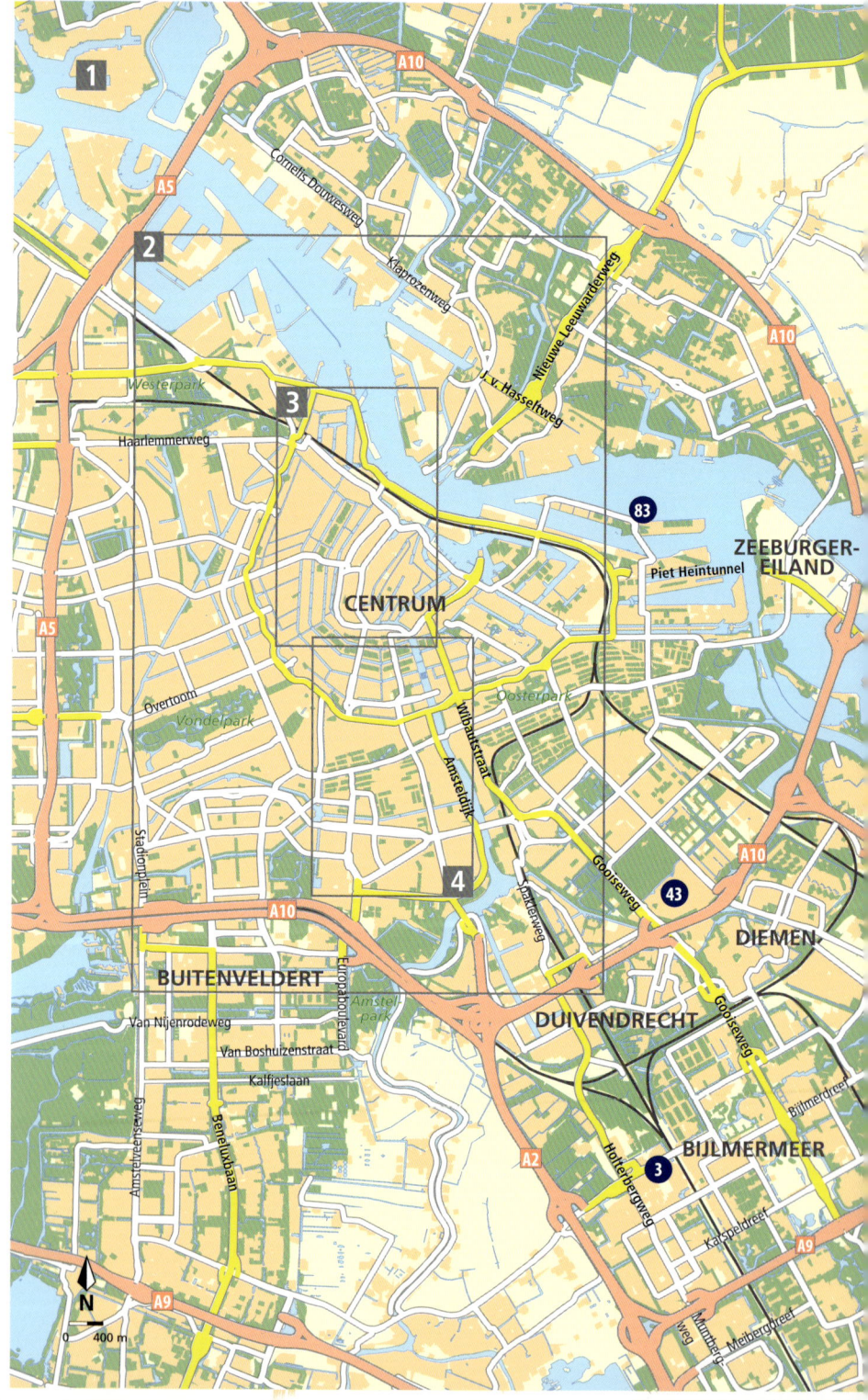

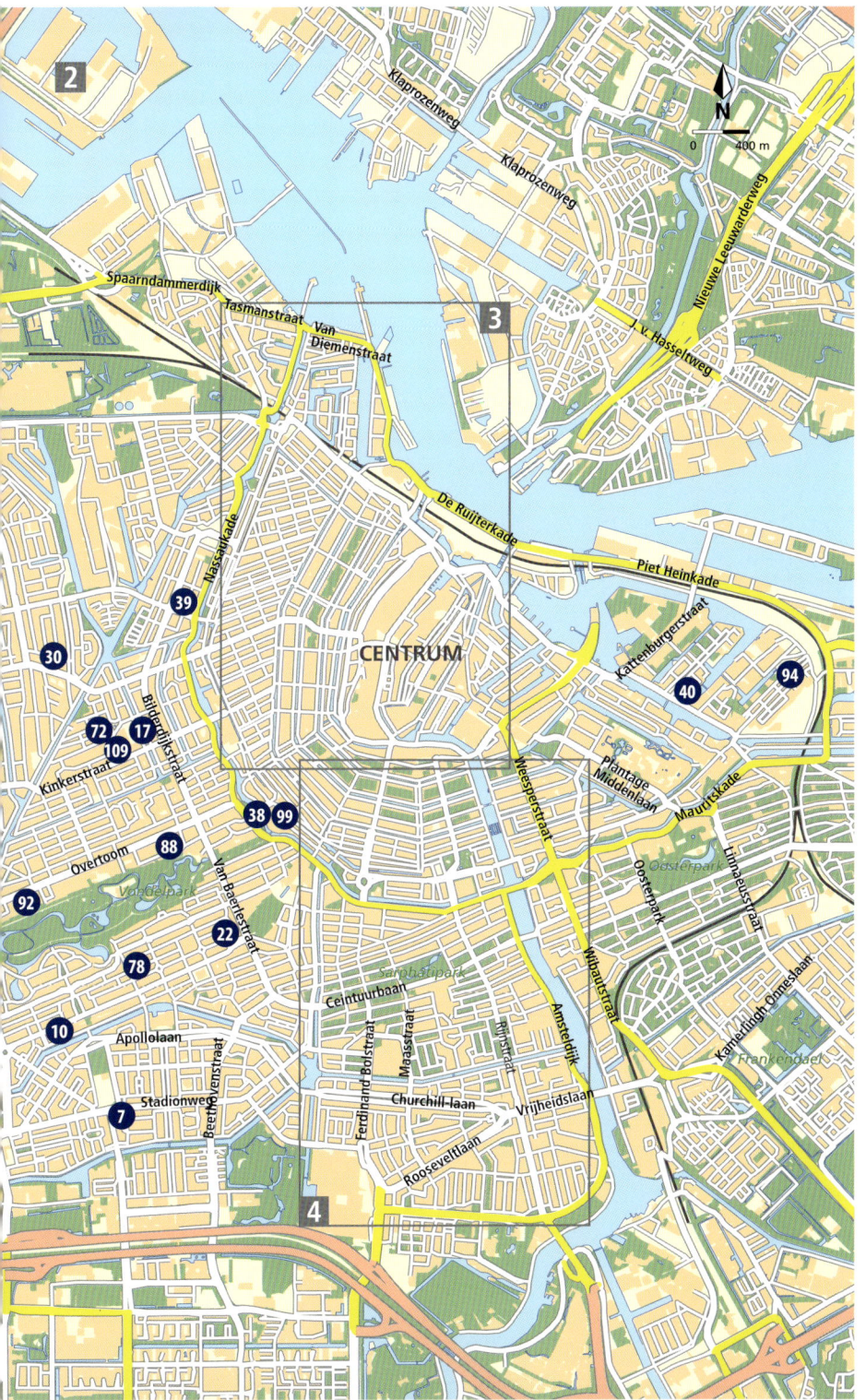

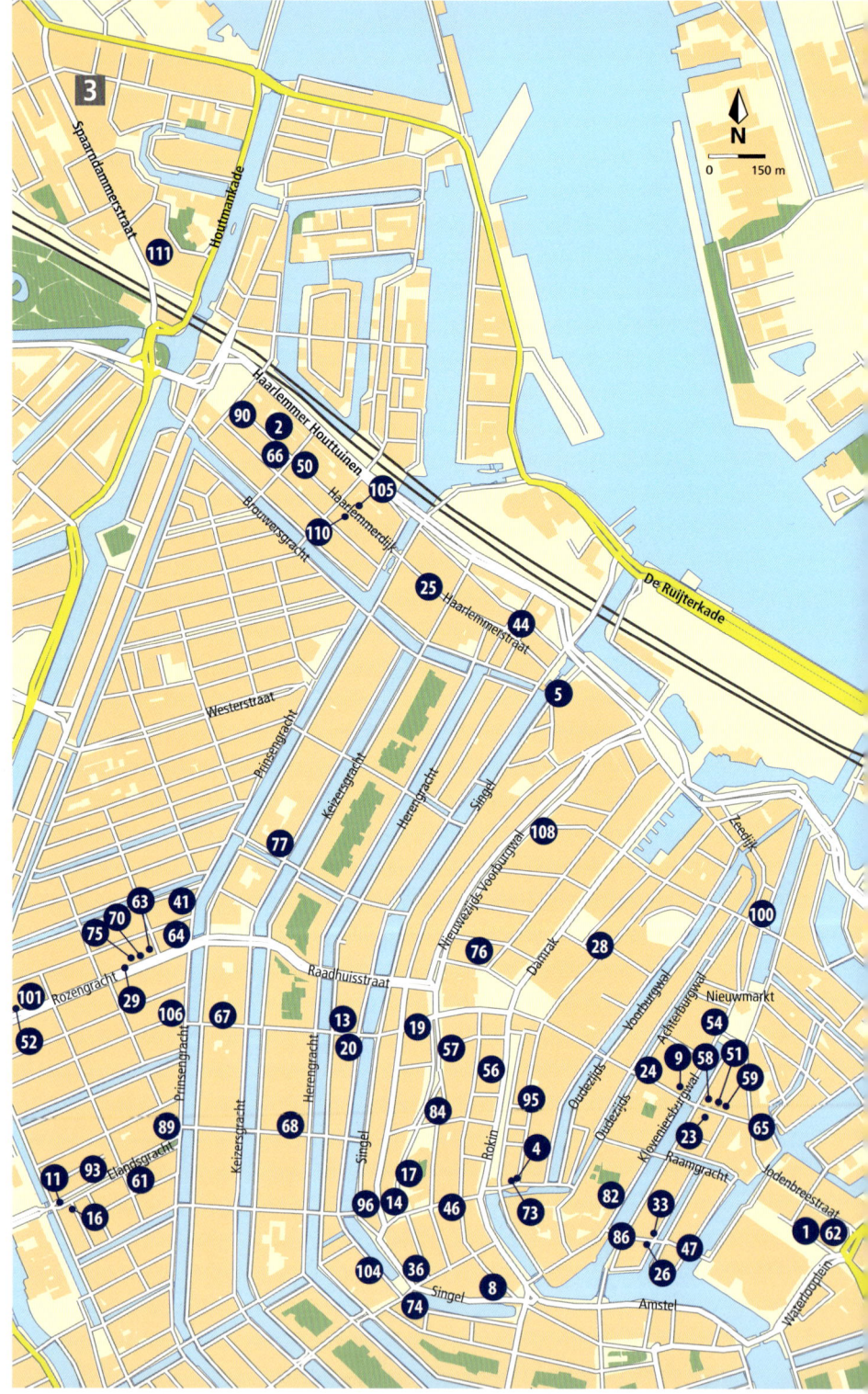

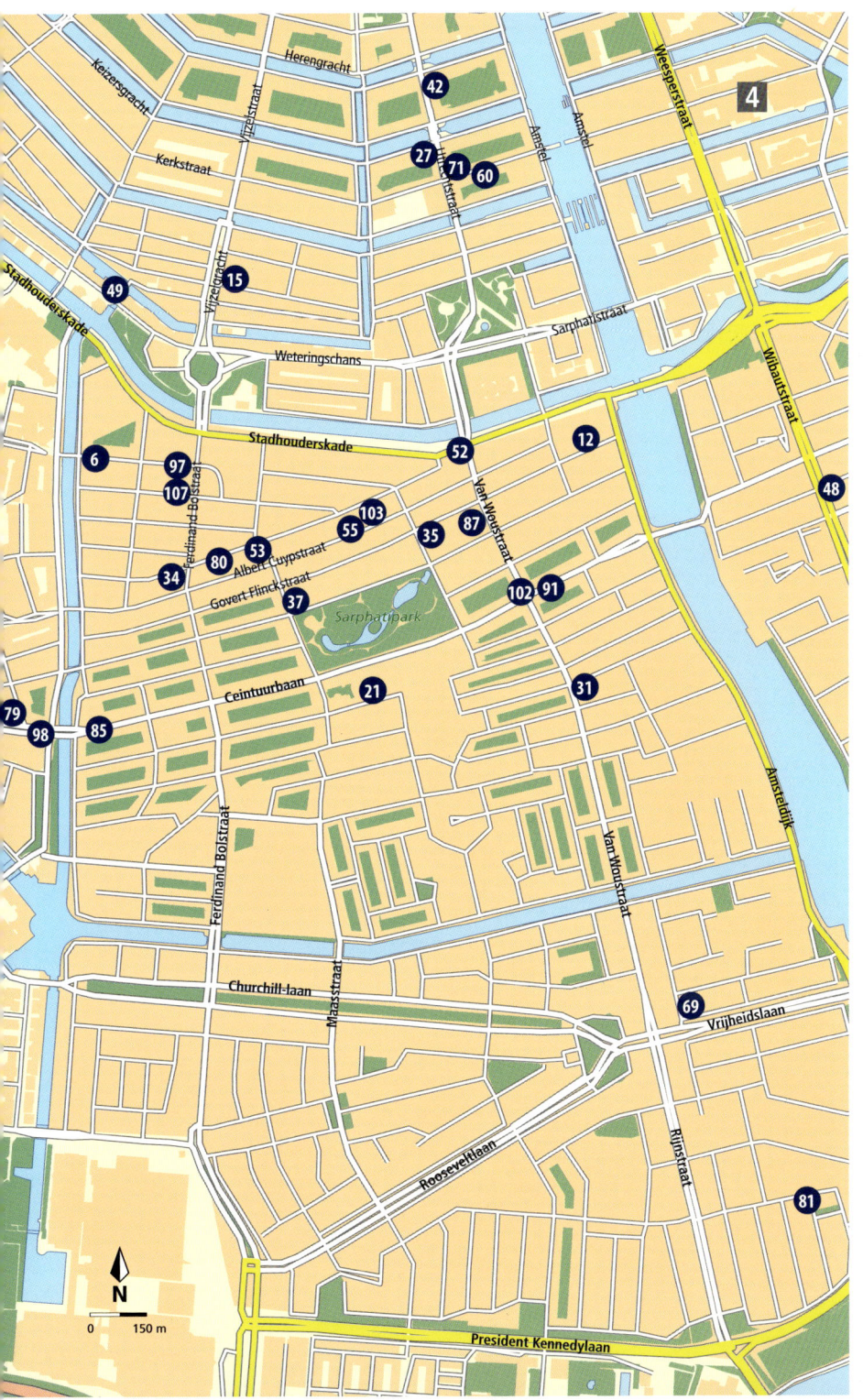

Dorothee Fleischmann,
Carolina Kalvelage
**111 Orte in Budapest, die
man gesehen haben muss**
ISBN 978-3-95451-744-2

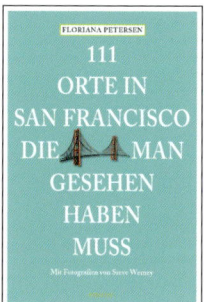

Floriana Petersen
**111 Orte in San Francisco,
die man gesehen
haben muss**
ISBN 978-3-95451-750-3

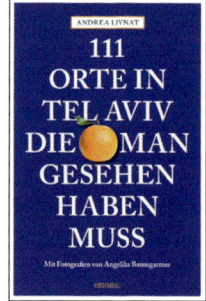

Andrea Livnat,
Angelika Baumgartner
**111 Orte in Tel Aviv, die
man gesehen haben muss**
ISBN 978-3-95451-703-9

Oliver Schröter, Falk Saalbach
**111 Orte in Zürich, die man
gesehen haben muss**
ISBN 978-3-95451-538-7

Cornelia Lohs
**111 Orte in Bern, die man
gesehen haben muss**
ISBN 978-3-95451-669-8

Giulia Castelli Gattinara,
Mario Verin
**111 Orte in Mailand, die
man gesehen haben muss**
ISBN 978-3-95451-617-9

Cornelia Ziegler,
Chris Sindermann
**111 Orte auf Kreta, die
man gesehen haben muss**
ISBN 978-3-95451-540-0

Dorothee Fleischmann,
Carolina Kalvelage
**111 Orte an der Costa Brava,
die man gesehen haben muss**
ISBN 978-3-95451-561-5

Jo-Anne Elikann
**111 Orte in New York, die
man gesehen haben muss**
ISBN 978-3-95451-512-7

Ralf Nestmeyer
111 Orte an der Côte d'Azur, die man gesehen haben muss
ISBN 978-3-95451-563-9

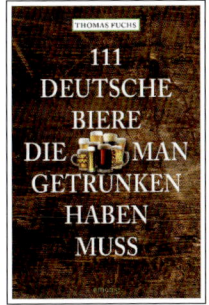

Thomas Fuchs
111 deutsche Biere, die man getrunken haben muss
ISBN 978-3-95451-414-4

Rüdiger Liedtke, Laszlo Trankovits
111 Orte in Kapstadt, die man gesehen haben muss
ISBN 978-3-95451-456-4

Gerd Wolfgang Sievers
111 Orte in Venedig, die man gesehen haben muss
ISBN 978-3-95451-352-9

Eckhard Heck
111 Orte in Maastricht, die man gesehen haben muss
ISBN 978-3-95451-368-0

Petra Sophia Zimmermann
111 Orte am Gardasee und in Verona, die man gesehen haben muss
ISBN 978-3-95451-344-4

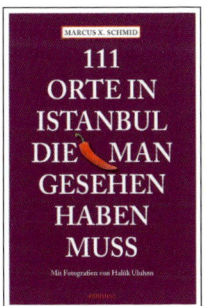

Marcus X. Schmid, Halûk Uluhan
111 Orte in Istanbul, die man gesehen haben muss
ISBN 978-3-95451-333-8

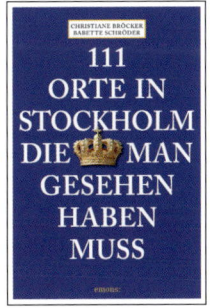

Christiane Bröcker, Babette Schröder
111 Orte in Stockholm, die man gesehen haben muss
ISBN 978-3-95451-203-4

Oliver Schröter
111 Orte für echte Männer, die man gesehen haben muss
ISBN 978-3-95451-228-7

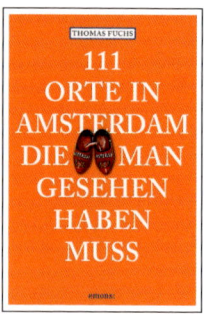

Thomas Fuchs
**111 Orte in Amsterdam, die
man gesehen haben muss**
ISBN 978-3-95451-209-6

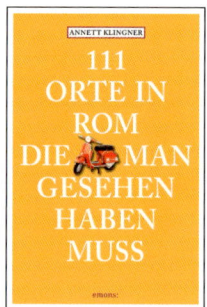

Annett Klingner
**111 Orte in Rom, die man
gesehen haben muss**
ISBN 978-3-95451-219-5

John Sykes, Birgit Weber
**111 Orte in London, die
man gesehen haben muss**
ISBN 978-3-95451-117-4

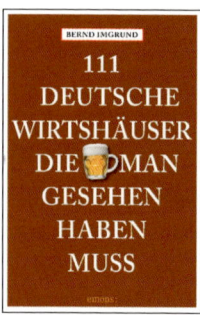

Bernd Imgrund
**111 deutsche Wirtshäuser,
die man gesehen haben
muss**
ISBN 978-3-95451-080-1

Susanne Thiel
**111 Orte in Madrid, die
man gesehen haben muss**
ISBN 978-3-95451-118-1

Dirk Engelhardt
**111 Orte in Barcelona, die
man gesehen haben muss**
ISBN 978-3-95451-066-5

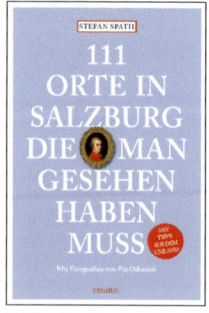

Stefan Spath
**111 Orte in Salzburg, die
man gesehen haben muss**
ISBN 978-3-95451-114-3

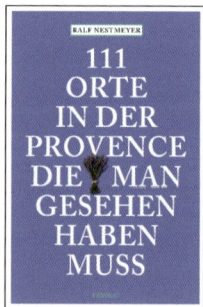

Ralf Nestmeyer
**111 Orte in der Provence,
die man gesehen haben
muss**
ISBN 978-3-95451-094-8

Peter Eickhoff, Karl Haimel
**111 Orte in Wien, die man
gesehen haben muss**
ISBN 978-3-89705-969-6

Rike Wolf
111 Orte in Hamburg, die man gesehen haben muss
ISBN 978-3-89705-916-0

Rüdiger Liedtke
111 Orte auf Mallorca, die man gesehen haben muss
ISBN 978-3-89705-975-7

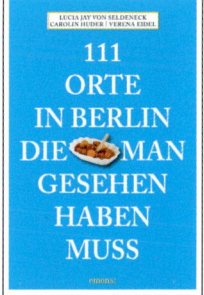

Lucia Jay von Seldeneck,
Verena Eidel, Carolin Huder
111 Orte in Berlin, die man gesehen haben muss
ISBN 978-3-89705-853-8

Rüdiger Liedtke
111 Orte in München, die man gesehen haben muss
ISBN 978-3-89705-892-7

Lucia Jay von Seldeneck,
Verena Eidel, Carolin Huder
111 Orte in Berlin, die man gesehen haben muss
Band 2
ISBN 978-3-95451-207-2

Bernd Imgrund,
Britta Schmitz
111 Kölner Orte, die man gesehen haben muss
Band 1
ISBN 978-3-89705-618-3

Bernd Imgrund,
Britta Schmitz
111 Kölner Orte, die man gesehen haben muss
Band 2
ISBN 978-3-89705-695-4

Marx de Morais
111 Orte in Turin und im Piemont, die man gesehen haben muss
ISBN 978-3-95451-736-7

Mercedes
Korzeniowski-Kneule
111 Orte in Basel, die man gesehen haben muss
ISBN 978-3-95451-702-2

Die Autorin

Henriette Klautz absolvierte eine Laufbahn als Sängerin und studierte Musikwissenschaften, ehe sie sich dem Journalismus zuwandte und insbesondere den Themen Musik und Reisen widmete. Sie schrieb einige Bücher, unter anderem in Zusammenarbeit mit ihrem Mann, dem Fotografen Eddy Posthuma de Boer, einen Reiseführer für Amsterdam in der Serie »Richtig Reisen«.

Der Fotograf

Eddy Posthuma de Boer arbeitet für diverse Tages- und Wochenzeitungen, stellte im In- und Ausland aus und hat mehr als 15 Bücher veröffentlicht. Mit seiner Frau Henriette Klautz, den beiden Töchtern und den drei Enkelkindern teilt er seine große Liebe zur Stadt Amsterdam.